構造倫理講座 II

〈生きる道〉の倫理

中村元
Nakamura Hajime

春秋社

〈生きる道〉の倫理——構造倫理講座II

目　次

略号表

Ait. Br.	*Aitareya-Brāhmaṇa.*
AKV.	U. Wogihara, *Sphuṭārthā Abhidharmakośavyākhyā by Yaśomitra,* Tokyo, 1932–1936.
AN.	*Aṅguttara-Nikāya.*
Ay.	*Ayārāṅga-sūtra,* erster Srutaskandha, Text, Analyse und Glossar von Walther Schubring (*AKM,* hrsg. von Deutschen Morgenländischen Gesellschaft, XI Band, Nr. 4, Leipzig, 1910).
Bhag. G.	*Bhagavad-gītā.*
Bodhic.	*Bodhicaryāvatāra.*
Bṛhad. Up.	*Bṛhadāraṇyaka-Upaniṣad.*
Buddhac.	*The Buddhacarita, or Acts of the Buddha,* pt. I, Sanskrit Text, ed. by E.H. Johnston, Panjab University Oriental Publications, No. 31, published for the University of the Panjab, Lahore, Calcutta, 1935.
Chānd. Up.	*Chāndogya-Upaniṣad.*
CuN.	*Culla-Niddesa.*
Dhp.	*Dhamma-pada.*
DhpA.	*Dhammapada-Aṭṭhakathā.*
Divyāv.	*Divyāvadāna*, ed. by E. W. Cowell and R. A. Neil, Cambridge, 1886.
DN.	*Dīgha-Nikāya.*
ERE.	*Encyclopaedia of Religion and Ethics,* ed. by James Hastings, Edinburgh, T. and T.

	Clark, 1908.
Itiv.	*Itivuttaka,* Pali Text Society, London, 1890.
Jātaka	*The Jātaka, together with Its Commentary, being Tales of the Anterior Births of Gotama Buddha,* ed. by V. Fausböll, 7 vols., Pali Text Society, London, 1964.
Kauṣ. Up.	*Kauṣītaki-Upaniṣad.*
Laṅk.	*The Laṅkāvatāra Sūtra,* ed. by Bunyiu Nanjio, Kyoto, 1956.
Manu.	*Manusmṛti.*
MBh.	*Mahābhārata.*
Mhṛ.	*Madhyamakahṛdaya* of Bhavya.
MN.	*Majjhima-Nikāya.*
MPS.	Mahāparinibbāna-suttanta.
Pj.	*Paramattha-jotikā.*
PTS.	Pali Text Society.
ṚV.	*Ṛg-Veda.*
SaddhP.	1. *Saddharmapuṇḍarīka-sūtram*, ed. by U. Wogihara and C. Tsuchida, Tokyo, 1934–1935. 2. *Saddharmapuṇḍarīka*, ed. by H. Kern and B. Nanjio, Bibliotheca Buddhica X, St.-Petersbourg, 1909–1912.
Śatap.	*Śatapañcāśatka-stotra.*
Sat. Br.	*Śatapatha-Brāhmaṇa.*
SBE.	Sacred Books of the East, translated by various Oriental scholars and edited by F. Max Müller, Oxford, Oxford University Press, reprinted by Motilal Banarsidass, Delhi.

Śikṣ.	C. Bendall, ed. *Śikṣāsamuccaya : A Compendium of Buddhist Teaching Compiled by Śāntideva Chiefly from Earlier Mahāyānasūtras.* Bibliotheca Buddhica, 1. St.-Petersburg, 1897–1902.
SN.	*Saṃyutta-Nikāya.*
Sn.	*Sutta-nipāta.*
Spk.	*Sārattha-ppakāsinī.*
Sūy.	*Sūyagaḍaṅga,* critically edited with the text of Niryukti, by P. L. Vaidya, Poona, 1928.
Sv.	*Sumaṅgala-vilāsinī.*
Śvet. Up.	*Śvetāśvatara-Upaniṣad.*
Tait. Ār.	*Taittirīya-Āraṇyaka.*
Tait. Br.	*Taittirīya-Brāhmaṇa.*
Tait. Up.	*Taittirīya-Upaniṣad.*
Therag.	*Theragāthā.*
Therīg.	*Therīgāthā.*
Tj.	*Tarkajvālā.*
Ud.	*Udāna.*
Udv.	*Udānavarga*, herausgegeben von Franz Bernhard, 2 Bände Sanskrit texte aus den Turfanfunden X, Abhandlungen der Akademie der Wissenschaften in Göttingen, Philologisch-Historische Klasse. Dritte Folge, Nr. 54, Göttingen, Vandenhoeck und Ruprecht, 1965. ただし必要に応じては次のテクストをも参照した。 *Udāna-varga*. N. P. Chakravarti, *L'Udānavarga Sanskrit*. Texte sanscrit entranscrip-

tion, avec traduction et annotations, suivi d'une étude critique et de planches. Tome Premier (Chapitres I à XXI), Mission Pelliot en Asie Centrale. Série Petit in Octavo, Tome IV, Paris Paul Geuthner, 1930.

Up.　*Upaniṣad.*

Utt.　*The Uttarādhyayanasūtra*, ed. by J. Charpentier, Uppsala, 1922.

Vinaya　*The Vinaya Piṭakaṃ : One of the Principal Buddhist Holy Scriptures in the Pāli Language*, ed. by Hermann Oldenberg, 5 vols., Pali Text Society (Reprint by Luzac & Co. Ltd., London, 1964).

『ジャータカ全集』　中村元監修『ジャータカ全集』全一〇巻、春秋社、一九八二―一九九一年。

善生経I　仏陀耶舎・竺仏念訳『長阿含経』（一六）『善生経』（大正蔵、一巻七〇―七二）。

善生経II　瞿曇僧伽提婆訳『中阿含経』（一三五）『善生経』（大正蔵、一巻六三八―六四二）。

六方礼経　安世高訳『仏説尸迦羅越六方礼経』一巻（大正蔵、一巻二五〇以下）。

他の略号は、インド学者たちが国際的に使用しているものを用いる。

〈生きる道〉の倫理——構造倫理講座II

第一章　生きる道——仏典の名言から

人間存在というものは、どのような構造をもっているものなのであろうか？　さらに、われわれは、好むと好まざるとにかかわらず、人間として生まれ、人間として生きてきたのであるが、今後どのように生きたらよいのであろうか？

これは古来、思想家にとってだけの問題ではなくて、いかなる人も考えねばならぬ問題であった。人々はこの問題に自分なりの解決を与えるために、苦しみ悩んだ。

以下においては、仏典のなかのもろもろの名言にもとづいて、それらに対する答えを、できるだけ体系的かつ構造的に述べようとするものである。それはまた、筆者の主観的解釈を容れることの少ない一種の〈仏教概論〉ともなるであろうことを希望する。

一 世の中の諸思想に対してどういう立場をとるべきか?

1 諸異説の対立

現代は申すに及ばず、いかなる時代においても、種々の哲学説や宗教が、互いに相対立し、矛盾し抗争していた。ゴータマ・ブッダ（釈尊）の出現した当時のインドにおいても同様であった。思想界の状勢を見るに、唯物論もあれば観念論もある。一方では快楽論、道徳否定論が説かれるとともに、他方では苦行に専念する行者もいた。また真理は結局わからないといって、懐疑論におちいる人々もいた。こういう事実をゴータマ（釈尊）は注視し反省した。

「ある人々が『真理である、真実である』と言うところのその〔見解〕をば、他の人々が『虚偽《きょぎ》である、虚妄《きょもう》である』と言う。このようにかれらは異なった執見をいだいて論争をする。何ゆえにもろもろの〈道の人〉は同一の事を語らないのであろうか?(1)」

ある人々が「真理である、真実である」と主張しているその見解を、他の人々は「虚偽である、虚妄である」と批評している。

「ある人々が『最高の教えだ』と称するものを、他の人々は『下劣《げれつ》なものである』と称する。これらのうちで、どれが真実の説であるのか? ――かれらはすべて自分らこそ真理に達した者であると称しているのであるが(2)」

「真理は一つであって、第二のものは存在しない。その〔真理〕を知った人は、争うことがない。かれらはめいめい異なった真理をほめたたえている。それゆえにもろもろの〈道の人〉は同一の事を語らないのである(3)」

「みずから真理に達した人であると自称して語る論者たちは、何ゆえに種々異なった真理を説くのであろうか？　かれらは多くの種々異なった真理を〔他人から〕聞いたのであるか？　あるいはまたかれらは自分の思索に従っているのであろうか(4)？」

種々の異説が成立しているのは、伝承、伝統のゆえなのであろうか、あるいは自分の推理、思考（takka＝skt. tarka）によるのであろうか？　——といって、問題を投げかけているのである。

「世の中には、多くの異なった真理が永久に存在しているのではない。ただ永久のものだと想像しているだけである。かれらは、もろもろの偏見にもとづいて思索考究を行なって、『〔わが説は〕真理である』『〔他人の説は〕虚妄である』と二つのことを説いているのである」

「偏見や伝承の学問や戒律や誓いや思想や、これらに依存して〔他の説を〕蔑視し、〔自己の学説の〕断定的結論に立って喜びながら、『反対者は愚人である、無能な奴だ』という」

「反対者を〈愚者〉であると見なすとともに、自己を〈真理に達した人〉であるという。かれはみずから自分を〈真理に達した人〉であると称しながら、他人を蔑視し、そのように語る」

「かれは過《あやま》った妄見をもってみたされ、驕慢《きょうまん》によって狂い、自分は完全なものであると思いなし、みずから心のうちでは自分を賢者だと自認している。かれのその見解は、〔かれによれば〕

そのように完全なものだからである」

「もしも、他人が自分を〔「愚劣だ」と〕呼ぶがゆえに、愚劣となるのであれば、その〔呼ぶ人〕自身は〔相手と〕ともに愚劣な者となる。また、もしも自分でヴェーダの達人・賢者と称し得るのであれば、もろもろの〈道の人〉のうちに愚者は一人も存在しないことになる」

「『この〈わが説〉以外の他の教えを宣説する人々は、清浄に背《そむ》き、〈不完全な人〉である』と、一般のもろもろの異説の徒はこのようにさまざまに説く。かれらは自己の偏見に耽溺《たんでき》して汚《けが》れに染まっているからである」

「ここ〈わが説〉にのみ清浄があると説き、他のもろもろの教えには清浄がないと言う。このように一般のもろもろの異説の徒はさまざまに執著し、かの自分の道を堅《かた》くたもって論ずる」

「自分の道を堅くたもって論じているが、ここに他の何ぴとを愚者であると見ることができようぞ。他〔の説〕を、『愚かである』『不浄の教えである』と説くならば、かれはみずから確執《かくしつ》をもたらすであろう[5]」

では、われわれはどうしたらよいのだろうか？　ここで最初期の仏教は、一つのはっきりとした立場を打ち出している。

「一方的に決定した立場に立ってみずから考え量《はか》りつつ、さらにかれは世の中で論争をなすに至る。一切の〔哲学的〕断定を捨てたならば、人は世の中で確執を起こすことがない[6]」

世の哲人や宗教家は、ことに情熱的な人々は、自分の論理のみが正しく、他人の述べる論理はまったく誤っていると主張している。しかし、他人の説がまったく誤りであるということが、どうして言われ得るのであろうか。いくつか対立・抗争する主張がある場合に、その一つの主義、主張が絶対に真実であり、それ以外の見解をいだいてはならぬというのは、あまりに独断的である。なぜ反対の意見や主張が実際に成立しているのか、その根拠を考えてみる必要がある。

この点について、ゴータマ・ブッダの批判は痛烈である。

「〔世の学者たちは〕めいめいの見解に固執して、互いに異なった執見《しゅうけん》をいだいて争い、〔みずから真理への〕熟達者であると称して、さまざまに論ずる。——『このように知る人は真理を知っている。これを非難する人はまだ不完全な人である』と。

かれらはこのように異なった執見をいだいて論争し、『論敵は愚者であって、真理に達した人ではない』と言う。これらの人々はみな『自分こそ真理に達した人である』と語っているが、これらのうちで、どの説が真実なのであろうか？

もしも論敵の教えを承認しない人が愚者であって、低級な者であり、智慧の劣《おと》った者であるならば、これらの人々はすべて〔各自の〕偏見を固執しているのであるから、かれらはすべて愚者であり、ごく智慧の劣った者であるということになる。

またもしも自分の見解によって清らかとなり、自分の見解によって、真理に達した人、聡明な人となるのであるならば、かれらのうちには知性のない者はだれもいないことになる。かれらの見解は〔その点で〕等しく完全であるからである。

もろもろの愚者が相互に他人に対して言うことばを聞いて、わたくしは『これは真実である』とは説かない。かれらは各自の見解を真実であるとみなしたのだ。それゆえにかれらは他人を

『愚者』であると決めつけるのである(7)」

人々はなんらかの意味で「最上のもの」「最高者」を考えて、それにたよって生きている。〈最上のもの〉に関する反省考察が、仏教の最初の時期に述べられている。

「世間では、人はもろもろの見解のうちで勝《すぐ》れているとみなす見解を『最上のもの』であると考えて、それよりも他の見解はすべて『つまらないものである』と説く。それゆえにかれはもろもろの論争を超えることがない(8)」

だから、世間では論争がなくなることがない、というのである。もろもろの偏見が対立している状態をいうのである。

「かれ(世間の思想家)は、見たこと、学んだこと、戒律や道徳、思索したことについて、自分の奉じていることのうちにのみすぐれた実《みの》りを見、そこで、それだけに執著して、それ以外の他のものをすべてつまらぬものであると見なす(9)」

「それ以外の他のもの」というのは、他人の奉じていることがらをいう。

「人が何かあるものに依拠して『その他のものはつまらぬものである』と見なすならば、それはじつにこだわりである、と〈真理に達した人々〉は語る。それゆえに修行者は、見たこと、学んだこと、思索したこと、または戒律や道徳にこだわってはならない」

「智慧に関しても、戒律や道徳に関しても、世間において偏見をかまえてはならない。自分を他人と『等しい』と示すことなく、他人よりも『劣っている』とか、あるいは『勝れている』とか考えてはならない」

「かれは、すでに得た〔見解〕（先入見）を捨て去って執著することなく、学識に関しても特に依拠することをしない。人々は〔種々異なった見解に〕分かれているが、かれはじつに党派に盲従せず、いかなる見解をもそのまま信ずることがない」

「かれはここで、両極端に対し、種々の生存に対し、この世についても、来世についても、願うことがない。もろもろの事物に関して断定を下して得た固執の住居は、かれにはなにも存在しない[10]」

「両極端」とはこの場合、何のことをいうのか？　パーリ文註解によると、いろいろの説を挙げている。どの説でもよいのである。何事でもよいから、両極端を離れよ、というのである。「両極端を離れよ」ということは、ジャイナ教でも教えている。

また「種々の生存」とは、迷いの生存、輪廻の生存のことである。

「かれはこの世において、見たこと、学んだこと、あるいは思索したことに関して、微塵ほどの妄想をもかまえていない。いかなる偏見をも執することのないそのバラモンを、この世においてどうして妄想分別させることができるであろうか？[11]」

妄想（saññā）というのは、この場合は、想念から起こった偏見（saññāsamuṭṭhāpitā diṭṭhi）をいう[12]。

「かれらは、妄想分別をなすことなく、〔いずれか一つの偏見を〕特に重んずるということもない。かれらは、もろもろの教義（dhammā）のいずれかをも受け入れることもない[13]」

すでに原始仏教において、仏教以外の異端邪説を六二種にまとめ、「六十二見」と呼んでいるが、パーリ文註解(14)によると、いわゆる六十二見のうちのいずれをも受け入れないというのである。仏教は、ふつうは「法を説く」と言われているのに、ここでは「法」(dhammā)を否定している。その意味は〈教義〉なるものを否定しているのである。教義を否定したところに仏教がある。

「バラモンは戒律や道徳によって導かれることもない。このような人は、彼岸に達して、もはや還ってこない(15)」

「このような人」(tādi)というのは、真人(arahā)に同じ。このような解脱した人、このように説く人、という意味である(16)。

「アージーヴィカ教徒であろうとも、ジャイナ教徒であろうとも、論争を習《なら》いとするこれらのいかなる異説の徒でも、すべて、智慧であなたを超えることはできません。立ったままでいる人が急いで走って行く人を追い越すことができないようなものです(17)」

「論争を習いとする」(vādasilā)とは「論争を事とする」と言ってもよいであろう。

なお、アージーヴィカ(Ājīvika)教はブッダと同時代のゴーサーラ(Gosāla)の開創した宗教である。ジャイナ教というのは、原文にはニガンタ(Nigaṇṭha)とあるが、それはブッダと同時代のマハーヴィーラ(Mahāvīra)の開創した宗教である。今日なおインドに残っている。

当時の宗教修行者は「清らか」な境地をめざしていたのであるが、清浄についても最初期の仏典は次のように論じている。

「『最上で無病の、清らかな人をわたくしは見る。人がまったく清らかになるのは見解による』と、このように考えることを最上であると知って、清らかなことを観ずる人は、〔見解を、最上の境地に達し得る〕智慧であると理解する[18]」

ここにいう「見解」(dittha) を、もろもろの英訳者は "view" と訳している。諸宗教や哲学の「教義」を意味する。

右の詩のもう一つの可能な訳は、「『われは清浄なるもの・最高なるもの・健全なるものを見る。哲学的見解によって人はまったく清浄となる』と考えて、それを最高なるものであると知って、みずからは清らかなものであると見なす人は、〔哲学的見解を、最上の境地に達し得る〕認識であると理解する」ということである。

「もしも人が見解によって清らかになり得るのであるならば、あるいはまた人が知識によって苦しみを捨て得るのであるならば、それでは煩悩にとらわれている人が〔正しい道以外の〕他の方法によっても清められることになるであろう。このように語る人を『偏見ある人』と呼ぶ」

「〔真の〕バラモンは、〔正しい道の〕ほかには、見解・伝承の学問・戒律・道徳・思想のうちのどれによっても清らかになるとは説かない。かれは禍福に汚《けが》されることなく、自我を捨て、この世において〔禍福の因を〕つくることがない[19]」

ここでいう「バラモン」とは、カーストの上でのバラモン、または司祭者としてのバラモンのことをいうのではない。原始経典の最古層では、修行を完成した人、理想的な修行者のことをバラモンと呼んでいた。

なお「〔正しい道の〕ほかには……清らかになるとは説かない」の部分は、漢訳経典では「従二異道一無レ得レ脱」となっている（大正蔵、三巻一七八上）。また「自我を捨て」の原語はattañja-haであるが、「得たもの（＝skt. āpta）を捨て」と解することも可能である。

「この世において……つくることがない」というのは、善悪のはからいをなすことがない、の意。いまは註に従って解した。[20]

「前の〔師など〕を捨てて後の〔師など〕にたより、煩悩の動揺に従っている人々は、執著をのり超えることがない。かれらは、とらえては、また捨てる。猿が枝をとらえて、また放つようなものである」

「みずから誓戒をたもつ人は、思いに耽《ふけ》って、種々雑多なことをしようとする。しかし智慧ゆたかな人は、ヴェーダ（知識）によって知り、真理を理解して、種々雑多なことをしようとしない」[21]

ここで「誓戒」（vatāni, pl.）というのは、道徳をも含めるが、それ以外には特殊な宗教的実践をも含めていう。たとえば、行者が雞のまねをしたり、牛のまねをするようなこともいう。ブッダゴーサ[22]は象のまねをすることだという。

また、ここで「ヴェーダ」とは、実践的な認識のことをいう。[23]

「かれは一切の事物について、見たり学んだり思索したことを制し、支配している。このように観じ、覆《おお》われることなしにふるまう人を、この世でどうして妄想分別させることができようか[24]」

「見たり学んだり思索したこと」というのは、原文にはdiṭṭhaṃ vā sutaṃ mutaṃ vā とあるが、これは古ウパニシャッドの表現を受けている。また「妄想分別させる」(vikappayeyya) というのは、妄想分別を起こさせる、の意である。[25]

「かれらははからいをなすことなく、〔なにものかを〕特に重んずることもなく、『これこそ究極の清らかなことだ』と語ることもない。結ばれた執著のきずなを捨て去って、世間のなにものについても願望を起こすことがない[26]」

「かれらは……語ることもない」の部分を、漢訳では「不レ念レ身不レ念レ尊、亦不レ願レ行二至浄一」としている。

「〔真の〕バラモンは、〔煩悩〕の範囲をのり超えている。かれがなにものかを知りあるいは見ても、執著することがない。かれは欲を貪ることもなく、また離欲を貪ることもない。かれは『この世ではこれが最上のものである』と固執することもない[27]」

「欲を貪ることなく、また離欲を貪ることもない[28]」というのは、ブッダゴーサによると、前者は欲界の貪りに執することなく、の意で、後者は、色界、無色界を貪ることに執することなく、の意に解する。[29] しかし『スッタニパータ』の最古層においては、まだ三界説は成立していなかったから、後代の思想にもとづいたこの解釈は無理である。おそらく「欲望にとらわれることもなく、また無理に欲望をなくそうと思ってその願望にとらわれることもなく」というのが、原意であったのであろう。

理想の修行者は、欲望を離れているのみならず、「欲望を離れている」ということをも離れているのである。こういう表現は、後代の空観、または禅僧のさとりを思わせるものがある。

漢訳では「婬不婬著汚婬、已無是当著浄」となっている。この訳文から見ると、「浄に執著する」ということもないのである。

はては、権威ある伝承や他人の説を信ずるな、とさえ言い切っている。

「なにものかを信ずることなく、作られざるもの（＝ニルヴァーナ）を知り、生死の絆《きずな》を断ち、〔善悪をなすに〕よしなく、欲求を捨て去った人、——かれこそじつに最上の人である[30]」

ここで「信ずることなく」とあるのを、従来の諸訳では「軽信することなく」と訳している。しかし文字どおりの意味は「信仰することなく」である。釈尊がさとりを開いたときの心境をうたった詩句には「信仰を捨てよ」ということがある。バラモン教や当時の諸宗教に対する信仰を捨てるのは当然のことであったろう。ところが仏教が大きくなって、教団の権威が確立すると、信仰を説くようになった。

これに対して、めざすべきもの、よるべきものは、「作られざるもの[31]」であるという。作られたもの（有為）は転変し、生起消滅するが、「作られざるもの」すなわちニルヴァーナは永遠不滅のものである。有為は迷い、無為はさとりの境地である。

（1） *Sn.* 883.
（2） *Sn.* 903.
（3） *Sn.* 884.
（4） *Sn.* 885.
（5） *Sn.* 886-893.
（6） *Sn.* 894.

（7）*Sn*. 878-882.
（8）*Sn*. 796.
（9）*Sn*. 797.
（10）*Sn*. 798-801.
（11）*Sn*. 802.
（12）*Pj*. p. 531.
（13）*Sn*. 803ab.
（14）*Pj*. p. 531.
（15）*Sn*. 803cd.
（16）*MahN*. p. 114.
（17）*Sn*. 381.
（18）*Sn*. 788.
（19）*Sn*. 789-790.
（20）*Pj*. p. 527.
（21）*Sn*. 791-792.
（22）*Pj*. p. 527.
（23）vedehi＝magga-ñāṇavedehi（*Pj*. p. 527）.
（24）*Sn*. 793.
（25）*MahN*. vol. I, p. 97.
（26）*Sn*. 794.
（27）*Sn*. 795.
（28）na rāgarāgī. na virāgaratto（*Pj*. p. 528）.

(29) so ca kāmarāgābhāvato na rāgarāgī, rūpārūparāgābhāvato na virāgaratto (*Pj.* 528).
(30) *Dhp.* 97.
(31) akata＝nibbāna, Comm.

2　形而上学説に対する沈黙

最初期の仏教の見るところでは、当時の哲人たちは、かくのごとく異なった見解をいだいて、互いに論争している。それでは、われわれはどこに真理をもとむべきであろうか。

ゴータマ・ブッダはこの事実について、次のような批判をくだした。かれら思想家は結局、解決しえないむつかしい形而上学的問題について論争を行なっているために、執著にとらわれ、その結果として、はからずも道徳的な悪をおかしているのである、と。かれはこのような論争は無意義であると考えて、「もろもろの論争を超越していた」のであった。

「わたくしはこのことを説く、ということがわたくしにはない。もろもろの事物に対する執著を執著であると確かに知って、もろもろの見解における〔過誤を〕見て固執することなく、省察しつつ内心の安らぎをわたくしは見た[1]」

したがって、初期の仏教は、当時論議されていた形而上学的な問題について、解答を与えることを拒否した。原始仏教聖典のうちの説明的叙述を見ると、

「(1) 我および世界は常住であるか〔すなわち時間的に局限されていないか〕? あるいは常住ならざるものであるか〔すなわち時間に局限されているか〕?

（2）我および世界は〔空間的に〕有限であるか、あるいは〔空間的に〕無限であるか？
（3）身体と霊魂とは一つであるか、あるいは別の物であるか？
（4）人格完成者は死後に生存するか、あるいは生存しないか[2]？」
という質問を発せられたとき、釈尊は答えなかったという。これを「捨置記」あるいは「置答」というが、返答をしないで捨てておくということが、じつは明確な返答を与えたことになるのである。

　なぜ答えなかったかというと、これらの哲学的問題の論議は益のないことであり、正覚すなわち真実の認識をもたらさぬからである、と聖典は教えている。

「『世界は常住（永遠）なものであるという見解があるとき、人は清らかな行ないを実修するであろう』というのは正しくない。また『世界は常住ならざるものであるという見解があるとき、人は清らかな行ないを実修するであろう』というのも正しくない。
世界は常住なるものであるという見解があっても、また世界は常住ならざるものであるという見解があっても、しかも生あり、老いることあり、死あり、憂い、苦痛、嘆き、悩み、悶えがある。われはいま目のあたり、〔現実に〕これらを制圧することを説くのである」

　次に、
「世界は有限である」「世界は無限である」「生命（霊魂）と身体とは同一である」「生命と身体とは異なったものである」
「人格完成者は死後に存在する」「……存在しない」「……存在し、かつ存在しない」「……存在するのでもなく、存在しないのでもない」

という見解についても、一々同じことがくりかえし説かれている。

「それゆえに、ここにわたくしが〔いずれとも〕断定して説かなかったことは、断定して説かなかったこととして了解せよ。またわたくしが断定して説いたことは、断定して説いたこととして了解せよ……。『世界は常住である』などということは、わたくしが断定して説かなかったことである。

なにゆえにわたくしはこのことをいずれとも断定して説かなかったのか？ なぜならば、このことは目的にかなわず、清らかな修行の基礎とならず、世俗的なものを厭い離れること、欲情から離れること、煩悩を制し滅すること、心の平安、すぐれた英智、正しい覚り、安らぎ（ニルヴァーナ）のためにならないからである。

しからば、わたくしは何を断定して説いたのであるか？ 『これは苦しみである』『これは苦しみの起こる原因である』『これは苦しみの消滅である』『これは苦しみの消滅に導く道である』ということを、わたくしは断定して説いたのである。

なにゆえにわたくしはこのことを断定して説いたのであるか？ これは目的にかない、清らかな修行の基礎となり、世俗的なものを厭い離れること、煩悩を制し滅すること、心の平安、すぐれた英智、正しい覚り、安らぎのためになるものである。それゆえにわたくしはこれを断定して説いたのである」(3)

だから、ゴータマ・ブッダは形而上学的問題に関する論議を避けて、人間存在の深奥を見通した〈四種の真理〉の説――それは実践的性格のものである――をたもつべきことを教えているのである。

「『世界は常住である』というならば、それは思弁に陥ったもの、思弁の密林、思弁の難路、思弁ののたうち、思弁の紛争、思弁の束縛である。それは苦しみをともない、破滅をともない、悩みをともない、煩悶をともなう。世俗的なものを厭い離れること、欲情から離れること、煩悩を制し滅すること、心の平安、すぐれた英智、正しい覚り、安らぎのためにならないのである(4)」

以下、他のもろもろの形而上学的見解についても同様にくりかえして説いている。

この点に関して、経典は興味深い毒矢の譬喩《ひゆ》をのべている。

「ある人が毒矢に射られて苦しんでいるとしよう。かれの親友、親族などはかれのために医者を迎えにやるであろう。しかし矢にあたったその当人が、

『わたしを射た者が、王族であるか、バラモンであるか、庶民であるか、奴隷であるか、を知らないあいだは、この矢を抜き取ってはならない。またその者の姓や名を知らないあいだは、抜き取ってはならない。またその者は丈が高かったか、低かったか、中位であったか、皮膚の色は黒かったか、黄色かったか、あるいは金色であったか、その者はどこの住人であるか、その弓は普通の弓であったか、強弓であったか、弦や矢がらやその羽の材料は何であったか、その矢の形はどうであったか、こういうことが解らないあいだは、この矢を抜き取ってはならない』

と語ったとする。それでは、この人は、こういうことを知り得ないから、やがて死んでしまうであろう。

それと同様に、もしもある人が、

『尊師がわたしのために〈世界は常住であるか、常住ならざるものであるか〉などということについて〔いずれか一方に〕断定して説いてくれないあいだは、わたしは尊師のもとで清らかな行ないを実修しないであろう』

と語ったとしよう。しからば、修行を完成した師はそのことを説かれないのであるから、そこで、その人は〔苦悩のうちに〕死んでしまうであろう(5)」

覚者（Buddha）はしばしば医者に譬《たと》えられる。かれによると、人間は病気に悩んでいるのであり、かれ自身の役割は医者のそれであるという。

以上の考察を通じて、われわれは、初期の仏教の基本的立場に顕著な二つの特徴を認めることができる。
一、無意義な、用のないことがらを論議するな。
二、われわれは、はっきりした確実な根拠をもっているのでなければ、やたらに論議してはならぬ。
そうして、妄想（戯論 prapañca）を捨てることによって、はじめて安らぎ（ニルヴァーナ）に到達し得るというのである。

(1) *Sn.* 837.
(2) Pāsādika-suttanta 34, *DN.* III, p. 137; *Ud.* VI, 5, p. 70.
(3) *MN.* I, pp. 430-431. cf. *DN.* I, p. 187（『中阿含経』第六〇巻、箭喩経）.

（4） *MN.* I, p. 485.
（5） *MN.* I, pp. 429–430.

3　真理の部分的性格

当時の哲人や宗教家たちが、それぞれ自説の完全性を主張する点には、それを裏づけるだけの、なんらかの理由があるにちがいない。かれらは真理を全面的に全体としては見ないで、ただ部分的に見ているだけにすぎない。

「じつにも、ある修行者・バラモンたちは、これら〔の見解〕に執著している。ただ一部分のみを見る人々（ekāṅgadassino）がこれを論じて互いに争うのである[1]」

一部分を見ているだけにすぎないのに、自分は正しい見解をいだいていると思いなす。真理そのものは、われわれの認識を超えたもので、われわれがその全貌を把握することはできないが、しかし世の哲学者たちが、たとえ部分的にもせよ真理を見ているという点では、そのかぎりにおいて真理性があると言うのであろう。

この点について、原始仏教聖典の中には次のような話が伝えられている。

「多くの種々なる流派に属する修行者とバラモン、遍歴行者らがサーヴァッティーの街に托鉢のために入って来た。かれらは種々なる見解をいだき、種々なる思想を受けいれ、種々の好みあり、種々の意見に依存していた。

ある修行者・バラモンたちは次のように語り、次のような見解をいだいていた。

①『世界は常住である。これのみが真実であり、他の説は虚偽である』と。
また他のある修行者・バラモンたちはそれぞれ次のように語り、次のような見解をいだいていた。
②『世界は常住ならざるものである。これのみが真実であり、他の説は虚偽である』
③『世界は終わりを有するものである。これのみが真実であり、他の説は虚偽である』
④『世界は終わりを有しないものである。これのみが真実であり、他の説は虚偽である』
⑤『霊魂と身体とは同一である。これのみが真実であり、他の説は虚偽である』
⑥『身体と霊魂とは異なったものである。これのみが真実であり、他の説は虚偽である』
⑦『人格完成者は死後にも存在する。これのみが真実であり、他の説は虚偽である』
⑧『人格完成者は死後には存在しない。これのみが真実であり、他の説は虚偽である』
⑨『人格完成者は死後に存在し、かつ存在しない。これのみが真実であり、他の説は虚偽である』
⑩『人格完成者は死後に存在するのでもなく、また存在しないのでもない。これのみが真実であり、他の説は虚偽である』と。
かれらは口論を生じ、論争を生じ、論難に陥り、鋭い舌鋒をもって互いに他人を突き合いながら日を送っていた。

『このようなものが法であり、あのようなものは法ではない。このようなものは法ではなく、あのようなものが法である』と。……

他の流派に属する遍歴者たちは、盲目であって眼なく、目的を知らず、目的ならざるものを知らず、法を知らず、法ならざるものを知らない。かれらは目的を知らず、目的ならざるものを知らず、法を知らず、法ならざるものを知らないで、口論を生じ、論争を生じ、論難に陥り、鋭い舌鋒をもって互いに他人を突き合いながら日を送っていた。……

いまは昔、まさにこのサーヴァッティー市に、ある王がいた。さてその王は、ある家臣を呼んで次のように言った。

『いざ家臣よ、汝はサーヴァッティー市にいるかぎりの生まれながらの盲人すべてを一ところに集めよ』と。

『かしこまりました、王さまよ』

と、かの家臣はその王に返答して、サーヴァッティー市にいるかぎりの生まれながらの盲人すべてを引き連れて、その王のいるところに近づいてきて言った。

『王さまよ、サーヴァッティー市にいるかぎりの生まれながらの盲人が集まっております』と。

『ああそうか、それでは盲人たちに象を示してやれ』

『かしこまりました、王さまよ』

と、家臣は王に返答して、生まれながらの盲人たちに象を示してやった。

『盲人たちよ、象とはこのようなものです』と。

ある盲人たちには象の頭を示してやって言った。

『盲人たちよ、象とはこのようなものです』と。

他のある盲人たちには象の耳を示してやって言った。

『盲人たちよ、象とはこのようなものです』と。

こういうふうに、ある盲人たちには象の歯を、他の盲人たちには象の鼻を、他の盲人たちには象の身体を、他の盲人たちには象の脚を、他の盲人たちには象の背を、他の盲人たちには象の尾を、他の盲人たちには象の尾端を示してやって、『盲人たちよ、象とはこのようなものです』と言った。

それから、その家臣は王のもとにおもむいて言った。

『王さまよ、盲人たちに象を示してやりました』と。

そこで王は盲人たちのもとにおもむいて、かれらにたずねた。

『なんじら盲人どもよ、象に触れてみたか？』

『さようでございます、王さまよ、象に触れてみました』

『盲人たちよ、象とはどんなものか、言ってくれ』

象の頭に触れてみた盲人は次のように答えた。

『王さまよ、象とは瓶のようでございます』と。

象の耳に触れてみた盲人は次のように答えた。

『王さまよ。象とは箕のようでございます』

同様に、象の牙に触れてみた盲人は、象はあたかも犂先《すきさき》のようだと答え、鼻をなでた盲人は犂の轅《ながえ》のようだと答え、体に触れてみた盲人は穀倉のようだと答え、脚に触れてみた盲人は柱のようだと答え、背に触れてみた盲人は臼のようだと答え、尾に触れてみた盲人は杵のようだと答え、尾端に触れてみた盲人は箒のようだと答えた。

かれらは互いに拳をもって争って言った。

『象とはこのようなものだ、あのようなものではない。象とはこのようなものではない、あのようなものだ』と。

ところで、その王は〔盲人らが争うありさまを見て〕大いに喜んだ」

この物語を述べたあとで、釈尊は修行僧らに告げて言った。

「それと同様に、他のもろもろの流派に属する修行僧たちは、盲目であって眼なく、……口論を生じ、論争を生じ、論難に陥り、鋭い舌鋒をもって互いに他人を突き合いながら日を送っているのである(2)」

(1)　*Ud*. VI, 4.

(2)　*Ud*. VI, 4, pp. 66–69.『仏説義足経』巻上、鏡面王経第五（大正蔵、四巻一七八上—下）。

二　人間の反省

1　人間のすがた

人間は外面的には自分を美しくよそおっている。ねぼけている人間のすがたは見られたものではないが、他人に会うときには、すがたをととのえている。人間の内なる品性についても同じことが言えるのであって、人間の個体の内側を反省してみると、それは種々の煩悩や悪徳にまといつかれている。

「骨で都市の城壁がつくられ、それに血と肉とが塗ってあり、愛と憎しみとおごり高ぶりとごまかしとがつめこまれている(1)」

(1)　*Udv.* XVI, 23.

2　悩みに揺れるわが身

思えば、人間ははかない存在である。わが身は多くの悩みに揺れている。

「塵や泥を除きがたい沼のうちに、わたしは沈みこんでいる。その沼は、詐欺と嫉妬と傲慢とものうさと睡眠とにおおわれている。

貪欲にもとづく欲望の思いという車は、雷鳴のようなうわつき、雲のような束縛、悪しき見解を運んで行く。

〔愛欲の〕流れは至るところに流れる。〔欲情の〕蔓草は芽を生じつつある。その流れを誰が堰き止め得るであろうか？　その蔓草をじつに誰が断ち切るであろうか？

尊い方よ。流れを堰き止める堤をおつくりください。――意より成る流れが、圧力で樹を断ち切ってしまうように、あなたを暴力で断ち切ることがないように(1)」

これを、もしも一言でまとめて言うならば、

「この世における生はいとわしきかな(2)」

と言い得るであろう。

「こういうわけで、恐怖におののき、こちらの岸から彼方《かなた》の岸を求めていたわたしにとって、智慧を武器とし仙人の集いに侍《かしず》かれていた師（ブッダ）は救いであった(3)」

(1) *Therag*. 759-762.
(2) *Sn*. 440.
(3) *Therag*. 763.

3　苦しみ

さらに、人間存在のすがたを見るに、常に苦しみにつきまとわれている。どうも思うにまかせない。自分にはたいして苦しみはないという人でも、高い立場から見ると、やはり人はあくせくと暮らし、苦しみにまつわられている。

「まさに知るべし　われは仏眼《ぶつげん》をもって観じて
六道の衆生《しゅじょう》を見るに　貧窮《びんぐ》にして福慧なく
生死《しょうじ》の険《けわ》しき道に入り　相続して苦は断えず
深く五欲に著《じゃく》すること　犛牛《みょうご》の尾を愛するがごとし。
貪愛《とんない》をもって自《みずか》らを蔽い　盲瞑《もうみょう》にして見る所なく
大勢《だいせい》ある仏と　及び苦を断ずる法とを求めず
深くもろもろの邪見に入りて　苦をもって苦を捨てんと欲す。
この衆生のためのゆえに　しかも大悲心を起こせり(1)」

迷い悩む衆生を仏の眼から見ると、かくも哀れであり、それを仏は憐れむのである。

右の一節をサンスクリット原文から邦訳すると次のごとくである。

「また、わたしは見る。——哀れな生ける者どもを。

かれらは智慧を欠き、福徳を欠き、迷いの生存（輪廻）のうちに走りまわり、苦難の境遇のうちに閉じこめられ、さらに苦しみの連続のうちに沈んでいる。

妄執になずんでいるものは、犛牛《ヤク》が〔みずからの〕尾毛に執著しているようなものである。この世ではいつも愛欲に盲《めし》いたものとなり、大いなる威力のある仏を求めようともしないし、苦しみの終滅にみちびく理法を探そうともしない。

かれらは六つの境涯（六道）のうちにあって心は貪り欲深く、邪まな見解や思想のうちに住みついて、動かされることがない。一つの苦しみにつづいて次の苦しみを感受している。しかし、かれらに対するわたくしの憐れみ（kāruṇya）は、力をもっている」

とくに漢訳文において「苦をもって苦を捨てんと欲す」と言っているのは、味わいが深い。人間が事をなすすがたを見ていると、一つの苦しみを除こうとして、なんらかの手段にたよるが、それがまた苦しみを生ずるというぐあいに、悪循環に陥っているのである。苦しみの上塗りをつづけていることがしばしばある。恐ろしいことである。

このありさまを簡潔なことばでまとめていうと、次のように表現される。

「三界《さんがい》は安きことなく　猶《なお》、火宅のごとし
衆苦《しゅく》は充満して　はなはだ怖畏《ふい》すべく
常に生《しょう》・老・病・死の憂患《うげん》ありて
かくのごとき等の火は　熾然《しねん》として息《や》まざるなり(2)」

「火宅」とは、火のついた家のことである。サンスクリット原文によると次のとおり。

「三界は、火のついた住居（火宅）のごとくである。いとも恐ろしく、幾百の苦しみに襲われている。生まれ、老衰、病患が幾百も迫って、あますところなく、一面に燃え立っている(3)」

人々は生存の恐ろしさ、苦しみに気がついていない。生存にまつわる恐ろしさに気がつかないのは、火のついている家の中で遊んでいる子供たちのようなものである。われわれの生存の事実を直視しようではないか。

「もろもろの衆生《しゅじょう》を見るに、生《しょう》・老・病・死・憂・悲・苦・悩のために焼煮《しょうしゃ》せられ、また、五欲・財利をもってのゆえに、種種の苦を受く。また、貪著《とんじゃく》し追求《ついぐ》するをもってのゆえに、現には衆《もろもろ》の苦を受け、後には地獄・畜生・餓鬼の苦を受く。もし天上に生まれ、及び人間《にんげん》に在れば、貧窮困苦《びんぐこんく》・愛別離苦《あいべつりく》・怨憎会苦《おんぞうえく》、かくのごとき等の種種のもろもろの苦あり。衆生《しゅじょう》は、その中に没在《もつざい》して、歓喜《かんぎ》し遊戯《ゆげ》して、覚えず、知らず、驚かず、怖れず、また、厭《いと》うことを生《な》さず、解《げ》脱《だつ》を求めず、この三界《さんがい》の火宅において、東西に馳走して大苦に遭うといえども、もって患《うれい》となさざるなり[4]」

サンスクリット原文は次のとおり。

「じつにこれらの生ける者どもは、五つの欲望の対象に執著し、三界の快楽に執著し、生まれ・老衰・病気・死・憂い・悲嘆・苦悩・悩み・煩悶から解き放たれていないで、〔それらの苦悩によって〕焼かれ、煮られ、熱せられ、苛まれている。覆って護ってくれる屋根も朽ちはてて炎に包まれ火がついている住居にも似た三界の生存から逃れ出ないならば、これらの人々はどうして仏の智慧を享け得るであろうか[5]」

面《おもて》をそむけても隠すことのできないこの厳しい残酷な現実に対して、われわれはどのような態度をとったらよいのであろうか?

仏教の教えるところによると、われわれはどうしても苦しみから脱れることはできないのであるから、苦しみの中にどでんと坐ってしまうことである。

「『一切の形成されたものは苦しみである』(一切皆苦)と明らかな智慧をもって観《み》るときに、人は苦しみから遠ざかり離れる。これこそ人が清らかになる道である[6]」

苦しみが起こるというのも、無数に多くの諸条件、諸原因があって起こるのだから、その運命をすなおに受け取ることである。

「苦しみはつねに因縁から起こる。そのことわりを観《み》ないものだから、それによって人は苦しみに縛られている。しかし、そのことを理解するならば、執著を捨て去る。けだし外の人々はその大きな激流を捨てないのである(7)」

われわれの存在は、眼に見えない無数に多くの諸条件に制約されているのだと理解するならば、悲しみは悲しみのままに、苦しみは苦しみのままに、すなおに受け取ることができるであろう。

(1)『法華経』方便品。岩波文庫本、上一二二ページ。
(2)『法華経』譬喩品、第八六頌。岩波文庫本、上一九八ページ。
(3) *SaddhP*. III, v. 86, p. 84.
(4)『法華経』譬喩品。岩波文庫本、上一七二ページ。
(5) *SaddhP*. III, p. 74, ll. 8–12.
(6) *Dhp*. 278.
(7) *Udv*. XVI, 24.

4　身　体

身体は、はかなく、また汚れに満ちたものである。

「見よ、美しく粉飾された形体を！　〔それは〕傷だらけの身体であって、いろいろのものが集まっただけである。病いに悩み、意欲ばかり多くて、堅固でなく、安住していない(1)」

ここで、美しく粉飾された形体(cittakataṃ bimbaṃ)とは、パーリ仏典では人間の身体あるいは人間の個体のことをいう。(2)

「この容色《すがた》は衰えはてた。病いの巣であり、脆くも滅びる。腐敗のかたまりで、やぶれてしまう。生命は死に帰着する」(3)

「骨で城がつくられ、それに肉と血とが塗ってあり、老いと死と高ぶりとごまかしとがおさめられている」(4)

ここで、ごまかし(makkha)とは、漢訳仏典ではふつう「覆」と訳し、自分のなした罪をおおいかくす心作用のことである。(5)

「もしも人がその〔屍体〕を解剖して内部のものを外に取り出して見せるならば、その臭気に堪えないで、〔死者の〕生みの母でもそれを嫌悪するでしょう」(6)

だからこそ、人は身体をととのえ、美しく飾るのである。

ところが人々は、どうかするとと身体を快楽のための道具だと思っている。

「身体は、はかないものであり、骨と筋肉との集合で、唾液や涙や大小便に満ち、腐敗してゆくのに、人々はそれに執著しています」(7)

と尼僧は告白する。

「命《いのち》は消耗してゆくのに、身体はでっぷりと肥って重く、身体の快楽のみを貪る修行者に、〈道の人〉たる善き徳性がどうしてありえようか」(8)

この身体をたもつということは、むしろ修養のための道具をたもつという点で、積極的な意味をもってくる。

「この生命は、食べなければ生きてゆくことができない。食物は心胸《むね》を静かならしめるものではない。身体は食物に依存するものであるということを見て、わたくしは食を求めに〔托鉢に〕出かける(9)」

身体をととのえるならば、人は自在の境地をたのしむことになる。ある修行者は、その喜びを高らかに語っている。

「わたしの身体は、崇高な喜びと楽しみに触れて、軽やかです。わたしの身体は、風に吹かれた綿のように、浮かんで跳びます(10)」

『ウパニシャッド』及び法典においては、人間の身体を洞窟に譬《たと》えて、アートマン（自己、精神）がこの洞窟の中にとどまっているのだと考えていたが、最初期の仏教においても『ウパニシャッド』以来の観念を受けて、身体を洞窟に譬えて説いている。洞窟についての八つの詩句（*Sn.* 772–778）がそれである。

「窟《いわや》（身体）のうちにとどまり、執著し、多くの〔煩悩〕に覆われ、迷妄のうちに沈没している人、——このような人は、じつに〈遠ざかり離れること〉（厭離《おんり》）から遠く隔たっている。じつに世の中にありながら欲望を捨て去ることは、容易ではないからである」

「欲望にもとづいて生存の快楽にとらわれている人々は、解脱《げだつ》しがたい。他人が解脱させてくれるのではないからである。かれらは未来をも過去をも顧慮しながら、これらの〔目の前の〕欲望または過去の欲望を貪る」

「かれらは欲楽を貪り、熱中し、溺れて、吝嗇《りんしょく》で、不正になずんでいるが、〔死時には〕苦しみにおそわれて悲嘆する、――『ここで死んでから、われらはどうなるのだろうか』と」

「だから人はここにおいて学ぶべきである。世間で『不正』であると知られているどんなことであろうとも、それのために不正を行なってはならない。『人の命は短いものだ』と賢者たちは説いているのだ」

「この世の人々が、もろもろの生存に対する妄執にとらわれ、ふるえているのを、わたくしは見る。下劣な人々は、種々の生存に対する妄執を離れないで、死に直面して泣く」

「〔何ものかを〕わがものであると執著して動揺している人々を見よ。〔かれらのありさまは〕干からびた流れの水の少ないところにいる魚のようなものである。これを見て、『わがもの』という思いを離れて行なうべきである。――もろもろの生存に対して執著することなしに」

「賢者は、両極端に対する欲望を制し、〔感官と対象との〕接触を知りつくして、貪ることなく、自責の念にかられるような悪い行ないをしないで、見聞することがらに汚《けが》されない(11)」

「両極端に対する欲望を制し」という場合の〈両極端〉とは、註（*MahN.*）によると、種々の対立した二つの観念と解している。中道思想の起源がここに見られる。そうしてこれはジャイナ教と共通である。

「想い〔名称と形態〕を知りつくして、激流を渡れ。聖者は、所有したいという執著に汚されることなく、〔煩悩の〕矢を抜き去って、努めはげんで行ない、この世をもかの世をも望まない(12)」

「知りつくして」（pariññāya=parijānitvā）(13)の pari-jñā という動詞は、ジャイナ教聖典とも共通な用法が見られるが、ある対象を知りつくして消滅させてしまうことを言う。当時の人々は、「知ること」は「支配すること」であると考えていた。

人間は、いわば洞窟の中に幽閉されて、そこに坐しているようなものである。そこにいながら、制約をのり越えて、随所に主となる境地をめざしたのである。

(1) *Dhp*. 147.
(2) attabhāva, Comm. III, p. 109.
(3) *Dhp*. 148.
(4) *Dhp*. 150.
(5) sukata-kāraṇa-vināsanalakkhaṇassa makkhassa, Comm.
(6) *Therīg*. 47.
(7) *Therīg*. 470.
(8) *Therag*. 114.
(9) *Therag*. 123.
(10) *Therag*. 104.
(11) *Sn*. 772-778.
(12) *Sn*. 779.
(13) *Pj*. p. 517.

5　老いる

なんぴとも老いるという運命を免れないのに、若い人は「老い」というのは他人のことだと考えている。

「老齢は、命ぜられているかのごとくに迫って来る。かたちは同じであるにもかかわらず、異なっているかのごとくである。わたしは同一であって立ち去ることはないのに、他のものとなるかのごとくに自己を想い起こす(1)」

絶世の美女アンバパーリー尼は次のように告白する。

「このように、より集まってできているこの身は、老いさらばえて、多くの苦しみのむらがるところです。それは、塗料の剝げ落ちたあばら家《や》です。真理を語るかたのことばに、誤りはありません(2)」

『スッタニパータ』のうちには「老い」という一章（八〇四―八一三）があって、老いに関する反省を詳しく述べている。

「ああ短いかな、人の生命よ。百歳に達せずして死す。たといそれよりも長く生きたとしても、また老衰のために死ぬ(3)」

死に対する反省が宗教の門であるということは、永遠の真理であろう。

かれは人生の苦という事実を直視する。人間はどこにあっても、またどんなものによっても、苦から脱することはできない。なんぴとも老いかつ死なねばならぬ。

「人々は『わがものである』と執着《しゅうじゃく》したもののために悲しむ。〔自己の〕所有しているものは常住ではないからである。この世のものはただ変滅するものである、と見て、在家《ざいけ》にとどまっていてはならない(4)」

「変滅するものである」（vinābhāvasantam ev'idam）というのは、註釈によると、「存在しては滅びるもの」「生滅するもの」と解している。(5) この世のものは、滅びないように、と思っても、滅びないということはあり得ない、というのである。

「在家にとどまっていてはならない」というのは、出家せよ、というのである。

「人が『これはわがものである』と考えるもの、――それは〔その人の〕死によって失われる。われに従う人は、賢明にこの理《ことわり》を知って、わがものという観念に屈してはならない(6)」

「われに従う人」というのは、話によると、出家者でも在家者でもよいのである。

「夢の中で会った人でも、目がさめたならば、もはやかれを見ることができない。それと同じく、愛した人でも死んでこの世を去ったならば、もはや再び見ることができない」

「『何の誰それ』という名で呼ばれ、かつては見られ、また聞かれた人でも、死んでしまえば、ただ名が残って伝えられるだけである」

「わがものとして執著したものを貪《むさぼ》り求める人々は、憂いと悲しみと慳《ものおし》みとを捨てることがない。それゆえにもろもろの聖者は、所有を捨てて行なって安穏《あんのん》を見たのである」

「遠ざかり退《しりぞ》いて行《ぎょう》ずる修行者は、独り離れた座所に親しみ近づく。迷いの生存の領域のうちに自己を現わさないのが、かれにふさわしいことであるといわれる(7)」

人里離れて森に住むということは、バラモン教のほうでは人生の四時期のうちの第三時期にあたる林住者（vānaprastha）の理想であったが、また最後の第四時期にあたる遍歴行者（parivrājaka）も「森におもむく」ものとされていた。(8) それを受けているのである。

「聖者はなにものにもとどこおることなく、憎むこともない。悲しみも慳《ものおし》みもかれを汚すことがない。譬えば〔蓮《はす》の〕葉の上の水が汚されないようなものである」

「たとえば蓮の葉の上の水滴、あるいは蓮華の上の水が汚されないように、それと同じく聖者は、見たり学んだり思索したどんなことについても、汚されることがない」

「邪悪を掃《はら》い除いた人は、見たり学んだり思索したどんなことでも特に執著して考えることがない。かれは他のものによって清らかになろうとは望まない。かれは貪らず、また嫌うこともない(9)」

「嫌うこともない」とは、直訳すると「貪りを離れることもない」の意である。


美女は美女であるということに誇りをもっている。しかしそれははかないものである。いつかは崩れる。

もと遊女であったヴィマラー尼は、晩年に次のような嘆きのことばを発している。

「〔わが身の〕容色とすがたと幸運と名声とに酔いしれ、若さにたよって、わたしは、他の女人《にょにん》たちを見下していました」

「愚かな男たちの言い寄るこの身体を、いとも美しく飾って、網をひろげた猟師のように、わたしは娼家の門に立っていました」

「秘密に、あるいは露《あら》わに、多くの飾りを見せながら、多くの人々を嘲笑《あざわら》いながら、妖《あや》しげな種々の術を行ないました」

「そのわたしが、いまや、頭髪を剃り、大衣をまとって、托鉢に出かけて、樹の根もとで、〈思考せざる境地〉を体得して、坐しているのです[10]」

「大衣」（saṃghāṭi）とは、重衣、重複衣とも訳す。三衣の一つであり、身の外側にまとい、外出用または防寒用として用いるが、もとはボロ片《きれ》を集めて綴って作ったものである。美女がボロ片の衣をまとう。――その姿を想像していただきたい。

「天界と人間界の軛（束縛）は、すべて断たれました。すべての汚れを捨てて、わたしは清涼となり、安らぎに帰しています[11]」

絶世の美人、アンバパーリーも年老いて容色の衰えるのをいかんともすることができなかった。

「〔昔は〕わたしの毛髪は、漆黒で、蜜蜂の色に似ていて、毛の尖端は縮れていました。しかし、いまは老いのために、毛髪は麻の表皮のようになりました。真理を語るかた〔ブッダ〕のことばに、誤りはありません」

「〔かつて〕わたしの頭は、芳香ある篋《こばこ》のように香りがしみこみ、花で覆い飾られていました。しかし、いまは老いのために、それは兎の毛のような臭いがします。真理を語るかたのことばに、誤りはありません」

「よく植えつけられてよく茂った林のように、〔わたしの頭は〕櫛やピンで髪をととのえ美しく飾られていましたが、いまでは、老いのために、そのあちこちが薄くなって禿げています。真理を語るかたのことばに、誤りはありません」

「黄金に飾られ、芳香あり柔らかな黒髪は、見事に束ねられて美しかったのですが、いまでは老

いのために、その頭髪は脱け落ちました。真理を語るかたのことばに、誤りはありません」(12)

ここにいう彼女の黒髪とは、註によると、黄金やダイヤモンドで飾られた黒髪の房、あるいは柔らかな黄金の針で捌かれて粧い飾られている黒髪の房のことをいう。

「かつて、わたしの眉毛は、画家が描いたすばらしい画のように美しかったのですが、いまでは老いのために、皺がより、たれさがってしまいました。真理を語るかたのことばに、誤りはありません」

「わたしの眼は、宝石のように光り輝き、黒い紺色で、細く長かったのですが、いまでは老いのために害なわれて、美しくありません。真理を語るかたのことばに、誤りはありません」

「若き青春の頃には、わたしの鼻は、柔軟な峰のように、美しかったのですが、いまでは老いのために、干からびたようになっています。真理を語るかたのことばに、誤りはありません」

「わたしの耳朶は、以前には、よく作られよく仕上げられた腕環のように、美しかったのですが、いまでは老いのために皺がより、たれさがっています。真理を語るかたのことばに、誤りはありません」

「わたしの歯は、あたかも、芭蕉の新芽の色のように、以前は美しかったのですが、いまでは老いのために、それらは砕けて、〔あるいは〕麦のように黄ばんでいます。真理を語るかたのことばに、誤りはありません」

「森のなかの茂みを飛び廻るコーキラ鳥のように、わたしは甘美な声を出していましたが、いまでは老いのために、それは、あちこちでと切《ぎ》れます。真理を語るかたのことばに、誤りはありません」

「わたしの頸は、昔は、よく磨かれて滑らかな螺貝《ほらがい》のように、美しかったのですが、いまは老いのために、折れてくずれてしまいました。真理を語るかたのことばに、誤りはありません」

「わたしの両腕は、昔は、円い門《かんぬき》にも似て立派でありましたが、いまでは老いのために、パータリー樹のように弱くなってしまいました。真理を語るかたのことばに、誤りはありません(13)」

「円い門にも似て」とは、註には「一本の円い門の棒に似ている(14)」としている。

「わたしの手は、昔は、滑らかで柔らかく、黄金で飾られていましたが、いまでは老いのために、それは樹の根や球根のようになってしまいました。真理を語るかたのことばに、誤りはありません」

「わたしの両方の乳房は、昔は、豊かにふくらんで円く、均整がとれて、上に向いていましたが、〔いまや〕それらは、水の入っていない皮袋のようにたれさってしまいました。真理を語るかたのことばに、誤りはありません」

「わたしの身体は、よく磨いた黄金の板のように、昔は美しかったのですが、いまでは、細かい皺で覆われています。真理を語るかたのことばに、誤りはありません」

「わたしの両腿は、昔は、象の鼻にも似て立派でありましたが、いまでは老いのために、竹の幹のように〔やせました〕。真理を語るかたのことばに、誤りはありません」

「わたしの両脛は、昔は、滑らかな足環をはめ、黄金で飾られ、美しかったのですが、いまでは老いのために、それらは胡麻幹《ごまから》のようになってしまいました。真理を語るかたのことばに、誤りはありません」

「わたしの両足は、昔は、綿をつめた〔履《くつ》〕にも似て立派でありましたが、いまでは老いのために、それらはあかぎれを生じ、皺がよっています。真理を語るかたのことばに、誤りはありません[15]」

彼女はもと商業都市ヴァイシャーリーの遊女であったが、郊外の園林を釈尊に寄進した。のちに彼女の子コンダンニャによって出家し、尼となったという。

では、老いを超えるにはどうしたらよいのか？

修行者ピンギヤと釈尊との対話は、まさにこの問題に答えてくれる。

「ピンギヤさんがたずねた、

『わたくしは年をとったし、力もなく、容貌も衰えています。眼もはっきりしませんし、耳もよく聞こえません。わたくしが迷ったままで途中で死ぬことのないようにしてください。——どうしたらこの世において生と老衰とを捨て去ることができるか、そのことわりを説いてください。それをわたくしは知りたいのです』」

「師（ブッダ）は答えた、

『ピンギヤよ。物質的な形態があるゆえに、人々が害《そこ》なわれるのを見るし、物質的な形態があるがゆえに、怠る人々は〔病いなどに〕悩まされる。ピンギヤよ。それゆえに、そなたは怠ることなく、物質的形態を捨てて、再び生存状態にもどらないようにせよ[16]』」

この詩は、身体に対する愛執を捨てるために説かれたのである、とスリランカの大学者ブッダゴーサは解する。

「『四方と四維《しい》と上と下と、これらの十方の世界において、あなたに見られず聞かれず考えられずまた識《し》られないなにものもありません。どうか理法を説いてください。それをわたくしは知りたいのです、——この世において生と老衰とを捨て去ることを[18]』」

四維[19]とは、四つの中間の方角。東南、西南、西北、東北をいう。

「師は答えた、

『ピンギヤよ。人々は妄執に陥って苦悩を生じ、老いに襲われているのを、そなたは見ているのだから、それゆえに、ピンギヤよ、そなたは怠ることなくはげみ、妄執を捨てて、再び迷いの生存にもどらないようにせよ[20]』」

人々が苦しみなやんでいるのは、常住永遠なる自己（我）があると考えて固執しているからである。そのために多くの煩悩を生じている。煩悩のうちでもとくに「渇愛」、のどがかわくような妄執、とよばれるものがもっとも根強いものである。それは、のどがかわいているときに水がのみたくてしかたがないような盲目的な衝動である。人々はそれになやまされている。だからそれに制せられないようになったときに、解脱の境地がえられる。

右の修行者が老齢に達し、身の衰えたことをゴータマにむかって嘆いていった。これに対してかれは、このように、

「人々は渇愛つまり執著に陥って苦悩を生じ、老いにおそわれている。ゆえに執著を捨てよ[21]」

と教えた。この場合には、生理的現象としての、老い死ぬことにとらわれなくなることが解脱なのである。

「世間における種々の美麗なるものが欲望の対象なのではない。〔むしろ〕欲望は人間の思いと欲情である。世間における種々の美麗なるものは、そのままいつも存続している。しかし気をつけて思慮する人々は、それらに対する欲望を制してみちびくのである(22)」

ともいう。

われわれの生活においては、われわれの心のあり方が根本である。

「ものごとは心にもとづき、心を主とし、心によってつくり出される。もしも汚れた心で話したり行なったりするならば、苦しみはその人につき従う。――車をひく〔牛〕の足跡に車輪がついて行くように(23)」

かれはこのような実践的認識を説いていたのであり、それは古来の宗教家にも通ずるものがあると考えていたのであるから、かれにはとくにあらたな宗教を創始したという意識もなく、またあたらしい形而上学を説こうともしなかった。

「愚かな凡夫は、みずから老いゆくもので、また老いるのを免れないのに、他人が老衰したのを見て、考え込んでは、悩み、恥じ、嫌悪している。われもまた老いゆくもので、老いるのを免れない。自分こそ老いゆくもので、同様に老いるのを免れないのに、他人が老衰したのを見ては、悩み、恥じ、嫌悪するであろう、――このことはおのれにはふさわしくない、と言って(24)」

このことばはさらに次のように続いている。

「愚かな凡夫はみずから病むもので、また病いを免れず、他人が病んでいるのを見て、考え込んでは、悩み、恥じ、嫌悪している。われもまた病むもので、病いを免れない。自分こそ病むもので、同様に病いを免れないのに、他人が病んでいるのを見ては、悩み、恥じ、嫌悪するであろう、――このことはおのれにはふさわしくない、と言って。

愚かな凡夫は、みずから死ぬもので、また死を免れないのに、他人が死んだのを見て、考え込んでは、悩み、恥じ、嫌悪している。われもまた死ぬもので、死を免れない。自分こそ死ぬもので、同様に死を免れないのに、他人が死んだのを見ては、悩み、恥じ、嫌悪するであろう、――このことはおのれにはふさわしくない、と言って」

これは、ゴータマ・ブッダ（釈尊）が、若い時のことを回想して述べたことばである。かれは、若いときには、このように感じていたのである。

こういう感想には、〈驕《おご》り〉がひそんでいる。〈驕り高ぶる〉ということは、普通は、高位顕官にある人々、財産のある富豪、深い学殖をそなえた学者、常人のまねのできぬ技術をもつ職人、芸術家などのもつものであると考えられ、ときには世人は、こういう高ぶった態度を示す人々を非難する。

しかし問題はもっと深刻である。非難する世人自身がじつは〈驕り〉をもっているのである。

若い人々には、自分は若い、という「若さの驕り」がある。また若さを失った人々でも、自分は元気だ、という「健康の驕り」がある。さらに老齢になって病気になった人でも、自分はまだ生きている、という「いのちの驕り」がある。仏典では、以上の三つを「三つの驕り」と呼んでいる。

その驕りは、人間にとって本質的なものだ。そうして空虚なものである。いつかはくずれ落ちる。

それを自覚するならば、若いうちにすべきことは、若いうちにしておこう。健康なうちにできることは、健康なうちにしておこう。病気になってさえも、できることがある。和顔愛語をもって他人に接するということなら、病人や老人でもできるはずである。

さらに力のある人は、その力がじつは限定されたものであることに思いを致すべきであろう。

そのように自覚するならば、人に対する思いやりのある世の中をつくることができるであろう。

老いを超えるということは、じつは社会性をもったことなのである。

単に老いを超えるというだけにとどまらず、積極的に徳を積むことが必要である。

「学ぶことの少ない人は、牛のように老いる。かれの肉は増《ふ》えるが、かれの智慧は増えない[25]」

「いとも麗《うる》わしき国王の車も朽ちてしまう。身体もまた老いに近づく。しかし善い立派な人々の徳は老いることがない。善い立派な人々は互いにことわりを説き聞かせる[26]」

ここで「徳」という語を使って訳してある原語はdhammaである。

もしも人間が、物理的、生理的な身体だけのものであったならば、年老いてから残るものは、老衰、老耄、老醜のみである。ところが人間の多年の努力・経験・反省というものは、後の人々に伝えるべき何物かをもっている。年齢とともに老成し、円熟してゆくものがある。若いときに気づかなかったことが、晩年になってから気づくことがある。だからこそ人間の経験が集成伝達され、人類の文明の発展が可能なのである。

人間の精神的機能のうちでも、物理的生理的な方面は機能が衰えるから老年になっては充分な活動は困難である。しかし物理的生理的な、いわば動物的な機能を超えた方面では、ますます活動が可能となる。文化面では古来老年になってから大事業を達成した人が多いのは、そのためである。

そこでそのための基盤として若いときの努力、修養というものが大切になる。

「若いときに、財を獲ることなく、清らかな行ないをまもらないならば、魚のいなくなった池にいる白鷺のように、痩せて滅びてしまう[27]」

徳を修めた人々が集まって互いに経験や感想を語り合うということは、老いを超克する道である。

それは単に慰め合うばかりでなく、異なった経験を相互に伝えることにより、人々の得た経験が相乗効果を発揮することになる。老いと共に経験が社会性をもつことになるのである。

(1) *Therag.* 118.
(2) *Therig.* 270.
(3) *Sn.* 804.
(4) *Sn.* 805.
(5) santavinābhāvaṃ vijjamānavinābhāvam eva idan, na sakkā vinābhāvena na bhavitun ti vuttaṃ hoti, *Pj*. p. 534.

(6) *Sn*. 806.
(7) *Sn*. 807-810.
(8) Baudhāyana-dharma-sūtra II, 6, 11, 19. Kashi Sanskrit Series, No. 104.
(9) *Sn*. 811-813.
(10) *Therīg*. 72-75.
(11) *Therīg*. 76.
(12) *Therīg*. 252-255.
(13) *Therīg*. 256-263.
(14) *Thī A*. p. 211.
(15) *Sn*. 264-269.
(16) *Sn*. 1120-1121.
(17) kāye sinehappahānatthaṃ, *Pj*. p. 603.
(18) *Sn*. 1122.
(19) vidisā catasso.
(20) *Sn*. 1123.
(21) *Sn*. 1120.
(22) *SN*. I, p. 22G.
(23) *Dhp*. 1.
(24) *AN*. III, 38.
(25) *Dhp*. 152.
(26) *Dhp*. 151.
(27) *Dhp*. 155.

6　愛するもの

われわれは、人が恋しいと思うことがある。しかし、人に会いたくて会ってよいものだろうか？

「愛する人と会うな。愛さない人とも会うな。愛する人に会わないのは苦しい。また愛さない人に会うのも苦しい(1)」

愛さない人に会うな、というのは解りやすい。しかし「愛する人と会うな」ということばは、どうも解りにくい。しかし、愛する人に甘えて、愛につけこむな、という意味ではなかろうか。

相手を愛するがゆえに、かえって控え目になる、ということも必要になる。「君子の交わりは、淡きこと水のごとし」ともいう。

一定の地位や職から離れた人が、もと付き合いのあった人々と会わぬというのも、じつは高い立場からの愛情ではなかろうか。

「愛するものから憂いが生じ、愛するものから恐れが生ずる。愛するものを離れたならば、憂いは存在しない。どうして恐れることがあろうか(2)」

(1)　*Dhp*. 210.
(2)　*Dhp*. 212.

7 怒り

怒りは悪意から起こる。『スッタニパータ』の中では「悪意についての八つの詩句」なるものを伝えている。

「じつに悪意をもって〔他人を〕誹《そし》る人々もいる。また他人から聞いたことを真実だと思って〔他人を〕誹る人々もいる。誹ることばが起こっても、聖者はそれに近づかない。だから聖者は何ごとについても心の荒《すさ》むことがない[1]」

「心の荒むことがない」というのは、煩悩に悩まされることがない、という意味である、とブッダゴーサは解する。

「欲にひかれ、好みにとらわれている人は、どうして自分の偏見を超《こ》えることができるだろうか。かれは、みずから完全であると思いなしている。かれは知るにまかせて語るであろう[2]」

その意味は、「かれは、みずから完全であると思ったことを行なっている」というのであろう。註によると、「かれは、みずからの偏見を完全であると思いなしている」という。

「人から尋ねられたのではないのに、他人に向かって、自分が戒律や道徳を守っていると言いふらす人は、自分で自分のことを言いふらすのであるから、かれは『下劣な人』である、と真理に達した人々は語る」

「修行僧が平安となり、心が安静に帰して、戒律に関して『わたくしはこのようにしている』といって誇ることがないならば、世の中のどこにいても煩悩のもえ盛《さか》ることがないのであるから、かれは〈高貴な人〉である、と真理に達した人々は語る」
「汚《け》れた見解をあらかじめ設《もう》け、つくりなし、偏重して、自分のうちにのみ勝《すぐ》れた実《みの》りがあると見る人は、ゆらぐものにたよる平安に執著しているのである(3)」

すべてのものはゆらいでいるのであるから、けっしてたよりにはならぬ、それなのに、人々はなにかにたよって、自分はもう大丈夫だと思いこんでいる。絶対に安全だと思われていた大企業でも、あっというまに潰《つぶ》れることだってあるではないか。

「もろもろの事物に関する固執〔はこれこれのものであると〕確かに知って、自己の見解に対する執著を超越することは、容易ではない。ゆえに人はそれらの〔偏執の〕住居《すまい》のうちにあって、ものごとを斥《しりぞ》け、またこれを執《と》る(4)」

「ものごとを斥け、またこれを執る」ということについて、ブッダゴーサは、世間の宗教が説くいろいろな教えについて、あれこれと取捨選択する意味に解している(5)。しかし、もっと一般的に解し得るのではなかろうか。

「邪悪を掃《はら》い除いた人は、世の中のどこにいっても、さまざまな生存に対してあらかじめいだいた偏見が存在しない。邪悪を除いた人は、いつわりと驕慢とを捨て去っているが、どうして〔輪《りん》廻《ね》に〕おもむくであろうか？　かれはもはやたより近づくものがないのである(6)」

ここで「いつわり」(māyā)というのは、ごまかし、奸詐とでもいうべきものであろう。

また「かれはもはやたより近づくものがない」というが、「たより近づくもの」(upaya)とは、註によると、妄執、偏見という執著である。したがって、「たより近づくものがない」

(anūpaya) とは、ひとり離れて超然としている、という意味である。

「もろもろの事物に関してたより近づく人は、あれこれの論議〔誹《そし》り、噂〕を受ける。〔偏見や執著に〕たより近づくことのない人を、どの言いがかりによって、どのように呼び得るであろうか？ かれは執することもなく、捨てることもない。かれはこの世にありながら、一切の偏見を掃い去っているのである(7)」

ここで「たより近づく人」(upaya) というのは、ブッダゴーサによると、妄執や偏見に執している人である。

「かれは執することもなく、捨てることもない」という態度は、後世の禅人のことばによるならば、「君見ずや、絶学無為の閑道人、妄想を除かず真を求めず」というような心境をいうのであろう。

「怒りを捨てよ。慢心を除き去れ。いかなる束縛をも超越せよ。名称と形態とにこだわらず、無一物となった者は、苦悩に追われることがない(8)」

束縛 (saññojana) の語義は「結びつけるもの」、つまり人を結びつけ縛る煩悩をいう。

また「名称と形態」(nāmarūpa) という語は、古ウパニシャッドにおいては「名称と形態」すなわち現象界のすべてを意味する。この語は仏教にも継承されて「名称」(nāma) とは人間の精神的方面、形態 (rūpa) とは人間の物質的側面を意味すると解釈されているが、教義学者たちが無理にこじつけた解釈（すでにパーリ聖典の散文の中に現われる）であろう。インド思想一般の用例としてはnāmaを精神と解することは無理である。ともかく、ここで意味しているのは、現象界の諸相にこだわるな、という意味である。「怒るな」というのは、個人的な感情にもとづいて怒ってはならぬ、という意味である。では、公憤をどう考えるか？

民衆が蜂起して悪王を殺したり追放した話は『マハーヴァンサ』などセイロンの史書にしばしば出てくる。

仏教では、それはしかたのない当然の事実として認めていた。悪王の受ける当然の報いなのである。

仏教は、その蜂起を必ずしも是認していたのではない。むしろもろもろの多くの事情を見通して、平静な気持ちで社会悪の改革をめざしていた。ある場合には忍ぶべきを忍ぶとともに、忍ぶべからざるものをも忍ぶことが必要になる場合もある。

ここで束縛を超えよ、といっているのは、具体的には偏見を超えることをいうのであろう。すがたやかたちを認めながら、それにとらわれないのである。

「走る車をおさえるように、むらむらと起こる怒りをおさえる人——かれをわれは〈御者〉とよぶ。他の人（＝そうでない人）はただ手綱を手にしているだけである（〈御者〉とよぶにふさわしくない）」(9)

「身体がむらむらするのを、まもり落ち着けよ。身体について慎《つっし》んでおれ。身体による悪い行ないを捨てて、身体によって善行を行なえ」

「語《ことば》がむらむらするのを、まもり落ち着けよ。語について慎んでおれ。語による悪い行ないを捨てて、語によって善行を行なえ」(10)

むらむらとして暴言を吐くな。ことばを慎むべきである。言ってはならぬことを言うな。他方、言うべきことは言え。それが善を行なうゆえんである、というのであろう。

怒るな、といって自己を制する気持ちは、第一に、怒りに支配されるな、ということをめざすとともに、第二に、他人の謝罪を受け入れよ、ということになる。

「過失（または怒らぬこと）」を問題として、次のような話が伝えられている。(11)

「一、〔あるとき尊師は〕サーヴァッティー市のうちの〔ジェータ林、〈孤独な人々に食を給する者〉の〕園にとどまっておられた。

二、そのときに二人の修行僧が言い争った。そのうちの一人の修行僧が〔他の修行僧に対して〕罪を犯した。その修行僧は他の修行僧に対して、罪を罪として告白し謝罪した。しかし後者の修行僧は〔懺悔を〕受けつけなかった。

三、そこで多くの修行僧たちは、尊師のもとにおもむいた。近づいてから、尊師に敬礼して傍らに坐した。傍らに坐したそれらの修行僧は、尊師に次のように言った。――

四、『ここで、二人の修行僧が言い争いました。そのうちの一人の修行僧が〔他の修行僧に対して〕罪を犯しました。そしてその修行僧は他の修行僧に対して、罪を罪として告白し謝罪しました。しかし後者の修行僧は〔その懺悔を〕受けつけないのです』と。

五、〔尊師いわく、――〕

『修行僧たちよ。わたしから見ると、二人ともに愚者である。罪を罪として見ない人と、規定のとおりに罪を告白する人の謝罪を受けつけない人と、――二人ともに愚者なのだ。
六、わたしから見ると、この二人はともに賢者である。罪を罪として見る人と、規定のとおりに罪を告白する人の謝罪を受け入れる人と、――この二人は賢者である。
七、むかし、神々の主サッカが、善法堂という公会堂で、三十三天の神々を宥めていたが、そのときにこの詩をとなえた。――
そなたらは、怒りに支配されるな。友人との友情を朽ちさせないように。

誹ってはならぬことを誹るな。

人を害なうようなことばを語るな。

怒りは悪人を押しつぶす。――山岳〔が人を押しつぶす〕ように』」

さらに同じ聖典の次の節では、「怒らぬこと（不傷害）」という標題のもとに、同じエピソードを述べたあとで、次のように結んでいる。

「『修行僧たちよ。むかし神々の主サッカは善法堂という公会堂において三十三天の神々を宥めていたが、そのとき次のような詩をとなえた。――

怒りに打ち克たれるな。怒った人々に怒り返すな。

怒らぬことと不傷害とは、つねに気高い人々のうちに住んでいる。

怒りは悪人を押しつぶす。――たとえば、山岳が〔人々を〕押しつぶすように』」

相手がけしからんことをしたからといって、こちらが怒ったのでは、同じ立場でのつかみ合いになる。一息おいて、自分が高い立場に立つならば、相手のあさはかな仕打ちを大きな目で見ることができる。観音の「慈眼」を身に受けることになる。一息ついて眺めるということが必要であろう。

わが国でも「海容」とか「寛恕」とかいう語があるが、こういう大きな気持ちにもとづいているのである。

（1） *Sn*. 780.
（2） *Sn*. 781.
（3） *Sn*. 782-784.
（4） *Sn*. 785.
（5） *Pj*. p. 522.
（6） *Sn*. 786.
（7） *Sn*. 787.
（8） *Dhp*. 221.
（9） *Dhp*. 222.
（10） *Dhp*. 231-232.
（11） SN. I, p. 239；『雑阿含経』第四〇巻、大正蔵、二巻二九一中。

三　存在の根底

1　苦しみの根本

われわれは、いつも何らかの意味で苦しみに悩まされているが、よく分析してみると、われわれの生存の奥には、渇に譬えられる妄執（taṇhā）が存在するのであって、その欲求が果たされないところに苦しみが起こる。

「もろもろの苦の因とするところは、貪欲《とんよく》を本となすをもって、もし貪欲を滅すれば、依止《えし》するところなからん(1)」

そのサンスクリット原文は、次のようになっている。

「また、この世で精神的素質が愚かで、苦しみの起こる根本を知らないで、〔真理を〕見ない人々のためには、〈妄執（tṛṣṇā）が起こると、苦しみが生ずる〉と、進むべき道を教示する。妄執を制するとは、常にこだわらぬことである(2)」

これは、いわゆる四諦のうちの第二、および第三に相当するのである。

そこで、自分自身の問題として考えてみることにしよう。

自分は貪欲がないつもりでも、何かのことで思いがけず不運になることがある。自分に責任がないのに、なぜ不運になったのだろうと思う。たしかに不運になったことについては、その人の責任ではない。しかし、嘆いたり、怨んだりするのは、その人の責任である。自分では怨まなくていいのだと思うと、心が晴れやかになる。

「およそ苦しみが起こるのは、すべて起動を縁として起こる。もろもろの起動が消滅するならば、苦しみの生ずることもない(3)」

「『苦しみは起動の縁から起こる』と、この禍いを知って、一切の起動を捨て去って、起動のないことにおいて解脱し、
生存に対する妄執を断ち、心の静まった修行僧は、生をくりかえす輪廻を超える。かれはもはや生存を受けることがない(4)」

「起動のないこと」とは、ブッダゴーサの註によると、ニルヴァーナのことをいう。

世の中には濡れ衣を着せられることがある。その場合に、自分がやったのではない、とはっきり主張するのは当然であり、また、そのようにしなければならない。しかし、その場合にも、どうしてこんなことになったのかしら、と振り返って考えてみる必要がある。自分の正当性を主張しながらも、心にゆとりをもつことが必要ではなかろうか。

また、ブッダはこうも説かれた。

「およそ苦しみが起こるのは、すべて動揺を縁として起こる。もろもろの動揺が消滅するならば、もはや苦しみの生ずることもない」

「『苦しみは動揺の縁から起こる』と、この禍いを知って、それゆえに修行僧は〔妄執の〕動揺を捨て去って、もろもろの潜在的形成力を制止して、無動揺・無執著《しゅうじゃく》で、よく気をつけて、遍

歴すべきである[5]」

この場合、動揺（iñjita）とは、ブッダゴーサによると愛執をいう（ejā＝taṇhā, *Pj.*）。すなわち、愛執、高慢、妄見、業、煩悩の動揺において、業のあつまりの動揺の起こることをいう。

学生メッタグーとの対話は、端的にこの点を突いているものがある。

「メッタグーさんがたずねた。

『先生！　あなたにおたずねします。このわたしに説いてください。あなたはヴェーダの達人、心を修養されたかただとわたしは考えます。世の中にある種々さまざまな、これらの苦しみは、そもそもどこから現われたのですか』

師（ブッダ）は答えた。

『メッタグーよ。そなたは、わたしに苦しみの生起するもとを問うた。わたしは知り得たとおりに、それをそなたに説き示そう。世の中にあるさまざまな苦しみは、執著を縁として生起する。じつに知ることなくして執著をつくる人は愚鈍であり、くりかえし苦しみに近づく。だから、知ることあり、苦しみの生起のもとを観じた人は、再生の素因（upadhi＝執著）をつくってはならない[6]』」

（1）『法華経』法師品、岩波文庫本、上二〇四ページ。
（2）*SaddhP*. III, v, 101-102, pp. 86-87.
（3）*Sn*. 744.
（4）*Sn*. 475-476.

(5) *Sn.* 750–751.
(6) *Sn.* 1049–1051.

2 欲望

われわれ自身を反省してみると、いつもなんらかの欲望に動かされている。欲望はわれわれの生存の牽引車のようなものである。

『スッタニパータ』第七六六詩以下では、欲望という一節を設けて、それについての反省を述べている。

「欲望をかなえたいと望んでいる人が、もしもうまくゆくならば、かれはじつに人間の欲するものを得て、心に喜ぶ。

欲望をかなえたいと望み貪欲《とんよく》の生じた人が、もしも欲望をはたすことができなくなるならば、かれは、矢に射《い》られたかのように、悩み苦しむ。

足で蛇の頭を踏まないようにするのと同様に、よく気をつけてもろもろの欲望を回避する人は、この世でこの執著をのり超える」(1)

文明が進歩してくると、欲望の対象が多様化し、また欲望をかきたてる機会や手段が増大している。それらは無限に増大する。そこで、無限にふくれあがる欲望を制止する意志の力がなければならぬ。またそれを制止する生活技術を身につける必要がある。そこで右の仏典のことばが、また新鮮なひびきをもって、われわれに迫ってくる。

ると、

「人が、田畑・宅地・黄金・牛馬・奴婢《ぬひ》・用人・婦女・親族、その他いろいろの欲望を貪《むさぼ》り求め

無力のように見えるもの〔もろもろの煩悩〕がかれにうち勝ち、危い災難がかれをふみにじる。

それゆえに苦しみがかれにつき従う。──あたかも壊《やぶ》れた舟に水が侵入するように(2)」

われわれはいろいろなことがらで悩んだり苦しんだりしているが、その根本を究明してみると、

不当な欲望に引きずりまわされている場合が多い。

「それゆえに、人は常によく気をつけていて、もろもろの欲望を回避せよ。船のたまり水を汲み

出すように、それらの欲望を捨て去って、激しい流れを渡り、彼岸《ひがん》に到達せよ(3)」

たった一言で、「言い得てて妙なり」と、思わず拍手したくなるような警句がある。

「たとえ貨幣の雨を降らすとも、欲望の満足されることはない。『快楽の味は短くて苦痛である』

と知るのが賢者である(4)」

世間にはものすごい資産家がいる。そんなにお金があれば、生活の苦労がなくていいなあ、と

他の人々は羨むけれども、本人は決して楽ではない。お金があればあるほど、もっと資産を増や

したいという欲望にとりつかれているのである。

「愛欲に駆り立てられた人々は、わなにかかった兎のように、ばたばたする。それゆえに修行僧

は、自己の離欲を望んで、愛欲を除き去れ(5)」

大変な資産家がじたばたしている。巨大な富を握っている資産家がまっ青になることもある。

考えてみれば、われわれの生存は、欲望に駆り立てられて、まるで火がついているようなもの

である。

「何の笑いがあろうか。何の歓びがあろうか？　――世間は常に燃え立っているのに――。なんじらは暗黒に覆われている。どうして灯明を求めないのか？」(6)

世の中が無常であり、万物が消滅することを、燃えさかる火に譬《たと》えていうのである。この場合「世間」とは、人間存在の意味に解してよいであろう。仏典における用法によると、それは同時に個人をも意味しうるのである。

（1）Sn. 766-768.
（2）Sn. 770.
（3）Sn. 771.
（4）Dhp. 186.
（5）Dhp. 343.
（6）Dhp. 146.

3　根本の煩悩

釈尊は、ガヤーシーサ山（象頭山《ぞうずせん》）で次のように説法したと伝えられている。

「修行僧らよ。すべては燃えている。……何によって燃えているのであるか？　貪欲の火によって燃えている。嫌悪の火によって燃えている。迷いの火によって燃えている」(1)

ここで「すべては燃えている」と断言するのは、激しいが迫力をもっている。

われわれの存在の根底には、貪欲（rāga）と嫌悪（dosa　瞋恚ともなる）と迷い（moha　愚癡）という三つの根本の煩悩が支配している。それらは汚れのもとである。これを後代の表現では、貪瞋癡《とんじんち》の三毒という。

われわれは欲情の炎が起こると抑えることができない。欲情の炎に焼かれてしまう。また、カッと怒ると、瞋恚の炎に燃えて狂ってしまう。われわれが呆然自失して、とんでもないことをしでかすのも、やはり炎に焼かれているようなものである。われわれの煩悩は炎である。

だから、われわれは自分自身を見つめて、嫌だな、とみずから反省することがある。

「厭えば貪欲から離れる。貪欲から離れれば、解脱する」

ただ初期においては、根本の煩悩をつねに以上の三つだけに限っていたというわけではなくて、以上の三つのほかに、「妄執（taṇha）」を加えて、四つ立てていることもある。

「情欲（rāga）にひとしい火は存在しない。不利な骰《さい》の目を投げたとしても、怒りにひとしい不運は存在しない。迷妄にひとしい網は存在しない。妄執にひとしい河は存在しない[2]」

「不利な骰の目を投げて」とは、ばくちにおいて最も不利なカリの骰の目を投げることである。

あるいは、前掲の三つのほかに欲求（icchā）を加えることもある。

「田畑は雑草によって害《そこ》なわれ、この世の人々は愛欲（rāga）によって害なわれる。それゆえに愛欲を離れた人々に供養して与えるならば、大いなる果報を受ける」

「田畑は雑草によって害なわれ、この世の人々は怒り（dosa）によって害なわれる。それゆえに怒りを離れた人々に供養して与えるならば、大いなる果報を受ける」

「田畑は雑草によって害なわれ、この世の人々は迷妄（moha）によって害なわれる。それゆえに迷妄を離れた人々に供養して与えるならば、大いなる果報を受ける」

「田畑は雑草によって害なわれ、この世の人々は欲求（icchā）によって害なわれる。それゆえに欲求を離れた人々に供養して与えるならば、大いなる果報を受ける」(3)

（1）*SN*. IV, p. 19 ; *Vinaya*, Mahā-vagga, I, 21.

（2）*Dhp*. 251.

（3）*Dhp*. 356-359.

4 偏見

われわれの煩悩は、偏見によって正当化されたときに、ますます頑強な、手に負えないものになる。

「疑惑と不確定感とに結びつき、傲慢な力と結合し、怒りにみちた心で頑《かたく》なな、妄執の矢、妄執の弓に放たれた三〇の〔邪《よこし》まな〕見解と結びついている、わが胸のうちにある頑強なものを見よ。――もしもそれがあるなら、打ち破って」(1)

われわれは頑強な偏見に揺り動かされているのである。

「もろもろの誤った見解を断ずることなく、意欲と記憶によって尖鋭にされている。それに貫かれて、わたしは揺れる。――木《こ》の葉が風に揺り動かされるように」(2)

「わたしの内部に刺さっている矢を、誰が、刀を使わずに、傷を残さないで、抜き去ることができるであろうか？　――四肢を害なうことなしに」(3)

（1）　Therag. 752-753.
（2）　Therag. 754.
（3）　Therag. 757.

5　汚れ

汚《けが》れというものは、恐ろしいものである。自分では気がつかなくても、いつのまにか人をむしばんでしまう。

「鉄から起こった錆《さび》が、それから起こったのに、鉄自身を損なうように、悪をなしたならば、自分の業が罪を犯した人を悪いところ（地獄）にみちびく[1]」

「身から出た錆」ということわざがある。鉄製品に赤錆が生じた場合、それを放置しておくと、錆はだんだんと内部に進行してゆき、ついには、その鉄製品全体をぼろぼろにしてしまう。だから、つねに気をつけて刃物には研ぎをかけ、器械には油を引いたり磨いたりして、錆がないように心がけねばならぬ。

人間の場合も同じである。見のがしていると悪習が身にしみついてしまう。自分の行なった悪い行為が習慣になると、その業の力が、その人を堕落させてしまう。そこで「われ日に三たびかえりみる」というような反省が必要になる。

われわれは煩悩や偏見に支配されなくなったときに、汚れのない状態、清らかな状態に達したと言えるであろう。このことを学生ナンダとの対話がよく示している。

「ナンダさんがたずねた。

『世間にはもろもろの聖者がいる、と世人は語る。それはどうしてですか？　世人は知識をもっている人を聖者と呼ぶのですか？　あるいは〔簡素な〕生活を送る人を聖者と呼ぶのですか[2]？』

ここで「世間にはもろもろの聖者がいる」というのは、註解者ブッダゴーサによると、アージーヴァカ、ニガンタ（ジャイナ教徒）などのことをいう。

「〔ブッダが答えた〕。

『ナンダよ。世の中で、真理に達した人たちは、〔哲学的〕見解によっても、伝承の学問によっても、知識によっても聖者だとは言わない。〔煩悩の魔〕軍を撃破して、苦悩なく、望むことなく行なう人々、――かれらこそ聖者である、とわたしは言う』

ナンダさんが言った。

『およそこれらの〈道の人〉・バラモンたちは、〔哲学的〕見解によって、また伝承の学問によっても、清浄になれると言います。戒律や誓いを守ることによっても清浄になれると言います。そのほか種々のしかたで清浄になれるとも言います。先生！　かれらはそれらにもとづいてみずから制して修行しているのですが、はたして生と老衰を乗り超《こ》えたのでしょうか？　わが親愛なる先生！　あなたにおたずねいたします。それをわたくしに説いてください』

師（ブッダ）は答えた。

『ナンダよ。これらの〈道の人〉・バラモンたちはすべて、〔哲学的〕見解によって清浄になり、また伝承の学問によっても清浄になると説く。戒律や誓いを守ることによっても清浄になるとも説く。〔そのほか〕種々のしかたで清浄になるとも説く。たといかれらがそれらにもとづいてみずから制して行なっても、生と老衰とを乗り超えたのではない、とわたしは言う』

ナンダさんが言った。

『およそこれらの〈道の人〉・バラモンたちは、見解によって、また伝承の学問によっても清浄になれると言います。戒律や誓いを守ることによっても清浄になれると言います。〔そのほか〕種々のしかたで清浄になれるとも言います。聖者さま。もしもあなたが『かれらは未《いま》だ煩悩の激流を乗り超えていない』と言われるのでしたら、では神々と人間の世界のうちで生と老衰を乗り超えた人は誰なのですか？　親愛なる先生！　あなたにおたずねします。それをわたくしに説いてください(3)』」

「師（ブッダ）は答えた。

『ナンダよ。わたしは『すべての〈道の人〉・バラモンたちが生と老衰とに覆《おお》われている』と説くのではない(4)』」

ここで「覆われている」とは、覆われて閉じこめられていることをいう。

「この世において見解や伝承の学問や想定や戒律や誓いをすっかり捨て、また種々のしかたをもすっかり捨てて、妄執をよく究《きわ》め明かして、心に汚れのない人々——かれらはじつに『煩悩の激流を乗り超えた人々である』と、わたしは説くのである(5)」

ここで、妄執を「究め明かして」というのは、知りつくして、それを消滅させる、という意味がある。こういう意味合いは、ジャイナ教とも共通である。

「『偉大な仙人のことばを聞いて、わたくしは歓喜します。ゴータマ（ブッダ）さま。再生の要素のない境地がみごとに説き明かされました。この世において〔哲学的〕見解や伝承の学問や想定や戒律や誓いをすっかり捨てて、また種々のしかたをすっかり捨てて、妄執をよく究め明かして、心に汚れのない人々、――かれらはじつに『煩悩の激流を乗り超えた人々である』と、わたくしもまた説くのであります(6)』」

だから、汚れなくして実践するということが目標なのである。

「だから、自己のよりどころをつくれ。すみやかに努めよ。賢明であれ。汚れをはらい、罪過《つみとが》がなければ、天の尊い処に至るであろう(7)」

（1） *Dhp*. 240.
（2） *Sn*. 1077.
（3） *Sn*. 1078-1081.
（4） *Sn*. 1082.
（5） *Sn*. 1082.
（6） *Sn*. 1083.
（7） *Dhp*. 236.

6　くよくよするな

こだわりを離れた境地に達すると、もはやつまらぬことに、くよくよすることもない。

過去をも、未来をも、現在をも捨てよ。

「前〔過去の生存に対する執著〕を捨てよ。後〔未来の生存に対する執著〕を捨てよ。中間を棄てよ。迷いの生存の彼岸に達した人は、あらゆることがらについて心が解脱していて、もはや生まれと老いとを受けることがないであろう」(1)

過去にはこれこれの地位があったとか、自分の過去の学歴や業績はこのように立派であったとかいうことにとらわれてはいけない。また未来のことをあてにしてはいけない。しかし先のことを思い悩むな。また「中間を棄てよ」というのは、現状に安住してはいけない、という意味である。すべては移り変わるのである。現在にとらわれないで努力し、新しい境地を展開せよ。

「生まれと老いとを受けることがない」というのは、反語的表現である。生理的には、人間は生まれたものだから、必ず老い、必ず死ぬ。しかし老いを忘れて生きることはできる。死を乗り超えて生きることはできる。そういう心境で、すなおに老い、死ねばよい。すべては人間の理法に任せるのである。

さらに、過去・現在・未来というものも、本質的な区別をもたない。現在のことも、あと二分もたてば過去のことになってしまう。未来がきて現在となり、すぐ過去になるはずである。こういう時間論の問題は、原始仏教では論じなかったが、後代の仏教哲学者たちがさかんに論ずるようになった。

ともかく、世の中に生きてゆくには、くよくよしないで、自分で信ずるとおりに立派に生きてゆけばよい。

「恥を知らず、烏《からす》のように厚かましく、図々しく、人を責め、大胆で、心のよごれた者《ひと》は、生活しやすい」

「恥を知り、つねに清きをもとめ、執著をはなれ、つつしみ深く、真理を見て清く暮らす者《ひと》は、生活しがたい(2)」

正しい人は生活しがたいが、ひけ目に思う必要はない。

（1） *Dhp*. 348.

（2） *Dhp*. 244-245.

第二章　生きて行くための原理

一　こころ

1　ざわついている心

われわれは常に悩んでいるが、つきつめて考えると、心が迷い、さまよっているということである。

ハッターローハプッタ長老は自分を反省して述懐した。——

「この心は、以前には、望むところに、欲するところに、快きがままに、さすらっていた。いまや私はその心を適切に抑制しよう、——象使いが鉤《かぎ》をもって、発情期に狂う象をまったくおさえつけるように(1)」

一般的な原則としては、次のように言えるであろう。

「心は、捉《とら》えがたく、軽々《かろがろ》とざわめき、欲するがままにおもむく。その心をおさめることは善いことである。心をおさめたならば、安楽をもたらす(2)」

心はわれわれの理想どおりには動かない。われわれとは別な独立のものであるかのごとくに動きまわる。心の問題ではわれわれ自身がほとほと手を焼いている。

われわれは自分の心をととのえるために、努力や工夫を必要とする。そうして心がととのえられたところに楽しみがあると言えよう。心の迷いを解決したときに、われわれは「きれいにサッパリした」と言うではないか。

「心はきわめて見がたく、きわめて微妙であり、欲するがままにおもむく。英知ある人は心を守れかし。心を守ったならば、安楽をもたらす(3)」

(1) *Therag*. 77.
(2) *Dhp*. 35.
(3) *Dhp*. 36.

2 心と事象

われわれをとり巻くもろもろの事物、環境も、われわれの心のいかんによって異なって現われる。

「ものごとは心にもとづき、心を主とし、心によってつくり出される。もしも汚れた心で話したり行なったりするならば、苦しみはその人につき従う。——車をひく〔牛〕の足跡に車輪がついて行くように。
　ものごとは心にもとづき、心を主とし、心によってつくり出される。もしも清らかな心で話したり行なったりするならば、福楽はその人につき従う。——影がそのからだから離れないように[1]」

　ここで「心」というのは、パーリ語のmano（=skt. manas）の訳である。この語は「意」と訳すのが、古来日本に伝えられた伝統的教学のきまりであり、諸邦訳者もこの呪縛から脱することができなかったし、わたくしもそうであった（それに従わないと、学問的でない、と非難される）。しかし維祇難等訳『法句経』双要品（大正蔵、四巻五六二上）の対応個所では「心」と訳している。そのほうが解りやすいから、古い呉時代の訳に従った。長井真琴博士はmanoを「意志」と訳し、「マナスはすべての心の働きの中心となっているもので、動機といってもよい」と解する。

　また「福楽」と訳したのは、漢訳『法句経』の訳に従ったままでであるが、原語はsukhaであるから、「安楽」と訳してもよい。

　前引の二つの語句の趣旨は、心のあり方のいかんによって、世のすがたが、すっかり変わって見えてくる、そうして心のあり方によって万事が変わって行く、ということを述べているのである。

　この思想は、大乗仏教によってますます強調される。

「このゆえに宝積《ほうしゃく》よ、もし菩薩浄土を得んと欲せば、まさにその心を浄《きよ》くすべし。その心浄きに随《したが》いて則《すなわ》ち仏土浄し(2)」

この思想を受けて、後代の『華厳経』では「三界のあらゆるものは、ただこれ一心なり」という。

それは、日本では道元の強調するところであり、鴨長明は『方丈記』の中で「それ三界はただ心ひとつなり。心もし安からずば、象馬七珍もよしなく、宮殿楼閣も望みなし」と述べている。

心がいろいろのものを現出するのは、巧みな絵師が種々のものを描き出すようなものである。

「心は工画師のごとし。よくもろもろの世間を画《えが》く。五蘊《ごうん》ことごとく、従《よ》りて生じ、法として造らざるなし。心のごとく仏もまた爾《しか》り、仏のごとく衆生もまた然《しか》り。まさに仏と心と、体性皆尽くるなきを知るべし。もし人、心行の普《あまね》くもろもろの世間を造るを知れば、この人はすなわち仏を見、仏の真実性を了す。心は身に住せず。身もまた心に住せず。而してよく仏事をなし、自在、未曾有なり。もし人、三世一切の仏を了知せんと欲せば、まさに法界の性は、一切唯心の造なるを観ずべし(3)」

そこで、心をととのえる修行が必要とされる。原始仏教の修行者は、心を修養するということを、常に心がけていた。

「屋根を粗雑に葺《ふ》いてある家には雨が洩れ入るように、心を修養していないならば情欲が心に侵入する(4)」

ところが、自分自身である心は、じつにままならぬものである。われわれの手に負えないものである。前にも述べたように、「心は捉えがたく、軽々とざわめき、欲するがままにおもむく」「心はきわめて見がたく、きわめて微妙であり、欲するがままにおもむく」のであるから。

それだけにとどまらない。心というものは、じつに恐ろしいものである。「憎む人が憎む人に対し、怨む人が怨む人に対して、どのようなことをしようとも、邪《よこし》まなことをめざしている心は、それよりもひどいことをする(5)」

ここで、「悪性《しょう》さらにやめがたし。心は蛇蝎《だかつ》のごとくなり」という親鸞の嘆きの声が聞こえてくる。

しかし、また正しくみちびかれたならば、心ほど尊く、心ほどたよりになるものはない。「母も父も、そのほか親族がしてくれるよりもさらに優《す》ぐれたことを、正しく向けられた心がしてくれる(6)」

この世の中を、地獄にするものも、極楽にしてくれるものも、ただ心ひとつなのである。

なお、漢訳『法句経』双要品第九（大正蔵、四巻五六二上）には、「心は法の本《もと》なり。心は尊く、心に使わる。中心に悪を念《おも》わば、即言即行にして、罪苦おのずから追《つ》きしたがう。車は〔牛の〕轍《わだち》を轢《ひ》く。心は法の本たり。心は尊く、心に使わる。中心に善を念わば、即言即行にして、福《さいわ》いと楽しみとはおのずからつきしたがう。影の形に随《したが》うがごとし」とある。右の文章でいう「即言即行」の意味はよくは解らないが、言ったとおりにすぐ行なう、ということではなかろうか。「即問即答」という表現などからも類推できると思う。

（1）*Dhp*. 1-2.

（2）『維摩経』大正蔵、一四巻五三八下。
（3）『八十華厳経』第一九巻、大正蔵、一〇巻一〇二上—中。
（4）*Dhp*. 13.
（5）*Dhp*. 42.
（6）*Dhp*. 43.

3　病いをどう解すべきか？

心なるものは、身体と対立するものではない。心は実体をもっていない。身体は空間を占有しているし、その点である意味での実体をもっている、と言えるであろう。しかし、心の占有する空間的分量を規定することはできない。

そうして身体は、それ自身いかに大切なものであろうとも、心にとっては道具としての意味をもっている。だから身体の一部分がそこなわれたときには、そこに人工的な道具をあてはめることによって、間に合わせることができる。

そこで言えることは、次の道理である。

——心も身体も異なった存在意義をもっているものではあるが、勝義における実体としての意義をもっていない。それぞれ特殊な存在意義において、それぞれが理解するべきである。

生命の一つのありかたとしての〈病い〉は、身体に即したものでもなく、また心に即したものでもない、という陳述が『維摩経』のなかになされている。この経典によると、文殊菩薩（詳しくは文殊師利《もんじゅしり》 Mañjuśrī）が、世俗の資産家（居士《こじ》）である維摩（詳しくは維摩詰《ゆいまきつ》

Vimalakirti）に質問を発し、後者が前者に答えるという筋書きになっている。

「文殊師利いわく、居士が疾《や》むところは、何の相をなすやと。維摩詰いわく、我が病いは形なし、見るべからず。また問う、この病いは身と合するや、心と合するや。答えていわく、身と合するに非ず。身相離るるがゆえに。また心と合するに非ず。心は幻のごときものなるがゆえに[1]」

この対談は、身体と心とが対立する原理であるということを認めて、病いはそのどちらの相でもないという。ただしこれは、生命を身体の形相とみなすアリストテレスのような見解、あるいは生命現象をアートマンの活動作用とみなすヴァイシェーシカ哲学のような見解に正面からぶつかっているのではなくて、〈いかなるものも空である〉という一般的な論理をたまたま〈身体〉と〈心〉という二つの概念に適用しただけにすぎないのであろう。

ただし、この説明は自己暗示としては今日なお生きている。日本の若干の新興宗教はこの文句にもとづいて病気治療を行なっている（クリスチャン・サイエンスの場合も似ている）。

（1）『維摩経』大正蔵、一四巻五四四下。

4　動物や植物にも心があるか？

世人のふつうの見解によると、生物のうちの一部である動物のあるものどもが、精神をもち、苦しみ悩み、欲望をもって行動するのであるが、仏教の若干の学派によると、植物や無生物といえども高次の意味の精神をもっている、と考えた。

日本の天台学はけっして中国のそれと同一ではない。日本の中古天台の学者のつくり上げた教学体系は、大陸の仏教の術語を用いながらも、いちじるしく異なった独自のものである。それは「本覚法門」と呼ばれるものであるが、現象界の諸相がそのまま仏それ自身にほかならぬと主張するのである。「本覚」ということばは、インドでつくられた『大乗起信論』(漢訳)のなかにあるが、それは現象界の諸相を超えたところに存する究極のさとりの意味であったが、いまや日本ではそれが現象世界のうちに引きずり下ろされた。こういうわけで、日本天台の特徴は「理」よりも「事」を重視した点にあるが、それはこのような思惟方法にもとづくのである。

また右と同じような路線において、道元にあっては、生死輪廻の流転のすがたがすなわち絶対の境地にほかならない。現象世界の無常なるすがたが、そのまま絶対的意義を有するのである。

「無常者仏性也。……草木叢林の無常なる、すなはち仏性なり、人物身心の無常なる、これ仏性なり、国土山河の無常なる、これ仏性なるによつてなり(1)」

「生死は、すなはち仏の御いのちなり(2)」

「この山河大地みな仏性海なり(3)」

万物に命がある。

「峰の色、谷の響きもみなながら、我が釈迦牟尼の声と姿と(4)　道元」

草木にまでも精神性を認めるという思想は、インド仏教にもすでに現われている。のみならずインドの哲学諸学派がこのような見解を採用している。

さて、もしも動物でないものでも精神をもっているのであるとすると、草木のような植物も、救われることが可能であるということになる。草木でさえも宗教性の主体となりうるというのである。

中国には樹木に神が宿るという信仰があったようであるが、とくに中世の日本においては、草木にも精神があり、さとりを開いて救われることもできるという思想が一般に行なわれていた。すなわち、「非情」（＝精神をもたない自然界の物体）も成仏するという思想は、天台の諸法実相の観念にもとづいて成立したものであるが、日本においては、とくに強調された。日本天台においては重要な研究課題であり、日蓮宗にも継承され、日蓮は、『法華経』が草木成仏をも説いているということのうちに、『法華経』の優越性を認めようとしている。日本の仏書においてはしばしば、

「一仏が成道して　法界を観見せば
草木国土は　悉く皆な成仏す」

という詩句が引用されている。この詩句は『中陰経』という経典に出ているというが、この経典にはこの文句は存在しない。日本人がつくり出したものなのである。インドや中国では説かなかった。美しい日本の自然と風土とがこのような思想を成立させたのであろう。

このような見解は謡曲のうちにしばしば現われ、当時の社会的、宗教的通念となっていた。

「かかる貴き上人の御法の声は、草木までも、成仏の縁ある結縁なり。……衆生称念必得往生の功力に引かれて草木までも仏果に至る。……朽木の柳の精、御法の教なかりせば、非情無心の草木の、台に到る事あらじ(5)」

謡曲の『胡蝶』は法華経典の功力によって虫の成仏することをいい、『杜若』『西行桜』『藤』

『芭蕉』は草木成仏をいい、『殺生石』はもともと仏たりうる性質はあるのであるが、衣鉢を授けることによって石を成仏せしめるのである。近世になっても浄瑠璃『三十三間堂棟由来』においては、浄土真宗の信仰に関連せしめて、柳の木が成仏するということを主題としている。「末世に栄える本願寺、あみだの血脈退転なく、後五百年の末法有縁、草木国土皆成仏」

日本の中古天台の口伝法門においては、草木成仏の思想をさらに一歩進めて、「草木不成仏」を説くにいたった。その説によると、ありとあらゆるものが、いかなる修証（修行やさとり）をも借りることなく、そのまま仏である。草木のみならず山河大地一切がそのまま本有本覚（本来存するさとり）の如来なのであり、仏という別のものになるのではない。だから不成仏なのである。

ここにおいて日本人のあいだに顕著な現実肯定の思想が行きつくところまで行きついたということができるであろう。

〈国土の成仏〉という思想は日本でとくに現われたものであるらしい。インドの多くの哲学思想によると、生きとし生けるものは明知（vidyā）によって解脱しうるのであって、草木が草木のままで成仏するという思想は説かれていないようである。

ともかく、生命の段階的構造を認めるとすると、直接的な生命は、人間の生命である。そうして、このような立場に立つならば、絶対者を人間ないし生きものの〈生きていること〉のうちに見出すべきであり、それを超えた超越的なもののうちに求めてはならぬのである。生命は絶対のものに相即している。

（1）『正法眼蔵』「仏性」。
（2）『正法眼蔵』「生死」。
（3）『正法眼蔵』「仏性」。
（4）『傘松道詠』。
（5）『遊行柳』。

二　自己

1　自己を求める

身体をととのえ、心をもととのえようと努めた修行者たちにとって、最も大切なものは〈自己〉であった。〈自己〉というものが概念的規定がきわめて困難であるにもかかわらず、しかもなんぴとにとっても最も重要な問題であり、〈自己を求める〉ということが問題となってくる。

インドにおいては〈自己（アートマン）を求めよ〉ということは、ウパニシャッド哲学においてさかんに強調されたことであるが、仏教もまた最初の時期からそれを説いていたのである。釈尊は遊楽にふけっている青年たちに向かって「婦女を尋ね求めること」よりも「自己を尋ね求めること」を勧めて、かれらを入門させたという。(1)

ゴータマ・ブッダはベナレスにとどまっていたのち、かつてさとりを開いた場所であるウルヴェーラーに向かって旅に出た。あるとき、かれは道を離れて一つの密林のところに至り、その中に入って一樹のもとに坐した。そのとき三〇人の友人たちがそれぞれ妻を伴ってその林の中で遊んでいた。ところが一人は妻をもっていなかったので、そのため「一人の遊女を雇うた」ところ、かれが遊び楽しんでいるうちに、遊女は、かれらの財物を取って逃げてしまった。

そこでかれらはその友人を助けて、遊女を探し求め、その密林のうちを徘徊しているとき、ブッダが一本の樹木のもとで坐しているのを見た。そこで釈尊のいるところへ行って尋ねた。

「尊師は一人の女を見ましたか？」

「若者どもよ。きみたちは婦女によってどうしようというのです？」

「いまわたくしたち三〇人の友人は、夫人たちを伴ってこの密林に遊んでいました。しかし一人は夫人をつれていないので、そのために遊女をつれてきました。われわれが遊び楽しんでいた間に、その遊女は財物を取って逃げてしまいました。ゆえにわれわれは友人として、その友を助けてその女を探し出そうとして、この密林の中を徘徊しているのです」

そこでゴータマ・ブッダは尋ねた。

「若者どもよ。きみたちはどう思いますか。婦女を尋ね求めることと、自己を尋ね求めることと、きみたちはどちらが勝れていると思いますか？」

「われわれは自己を尋ね求めるほうが勝れていると思います」

「若者どもよ。では、お坐りなさい。きみらのために法を説きましょう」

「どうぞ」

そこで釈尊は教えを説き、かれらはさとりに到達して出家したという。

（1）〔遊楽のなかま三〇人の帰依に関する伝説〕 *Vinaya*, Mahāvagga, I, 14; *Jātaka*, vol. I, p. 82, l. 26; *Saṅghabhedavastu*, Part I, pp. 149-151; *CPS*. S. 222-229; *Mahāvastu*, vol. III, pp. 375-376.『五分律』第一五巻、第三分初受戒法上（大正蔵、二二巻一〇七上—中）、『四分律』第三二巻、受戒揵度之二（大正蔵、二二巻七九三上—中）、『有部律破僧事』第六巻（大正蔵、二四巻一三〇中—下。ただしここでは三〇人ではなくて六〇人となっている。サンスクリット諸本も同様）。

2　個人存在を構成するもの

伝統的保守的仏教（いわゆる小乗仏教）によると、個人存在（puggala, skt. pudgala）は多くの構成要素（ダルマ）より成る。それらはいちおう次のように分類されうる。

個人存在
1　物質的なかたち（rūpa　色）
2　感受作用（vedanā　受）
3　表象作用（saññā　想）
4　形成作用（saṃkhārā　行）
5　識別作用（viññāṇa　識）

これを五つのあつまりといい、これらの五種類の構成要素（五蘊）はつねに変遷しているが、これが集合して個人存在が構成されているというのである。

現象界のありとあらゆるものをウパニシャッドでは〈名称と形態〉(nāmarūpa) という語で総称していたが、最初期の仏教はそれを継承していたから、五種の構成要素は〈名称と形態〉と同一視された。

「神々ならびに世人は、非我なるものを我と思い、名称と形態とに執著している(1)」

「もろもろの形成力を〔アートマンとは異なった〕他のものとして見、アートマンであるとは見ない(2)」

「原因より生じ、壊滅するものであるもろもろの形成力を〔アートマンとは異なった〕他のものとして見て、われはあらゆる煩悩を捨てた。われは清涼にして寂静なるものとなった(3)」

しかし〈名称と形態〉とは、じつはアートマン(自己)ならざるものである。個人存在を構成している諸要素を五蘊であると解するようになったときには「五つのあつまりを〔アートマンとは異なった〕他のものとして見る。アートマンであるとは見ない」と説くようになった。

そして五種の構成要素を総括して〈もろもろの形成力 saṃkhārā〉と呼ぶこともあるが、真の明知を得た人については「もろもろの形成力を〔アートマンとは異なった〕他のものとして知り、また苦なりとして知り、アートマンとして知ることなくして(4)」という。

また古い詩句においては、もろもろの形成力を総括して〈身体〉と呼んでいることもある。

「自己の身体を断滅することが『安楽』である、ともろもろの聖者は見た(5)」

そうして経典のうちのやや遅い部分には、次の定型句がしばしばくりかえされている。

「物質的なかたち（感受作用・表象作用・形成作用・識別作用）は無常である。無常であるものは苦である。苦なるものは非我である。非我なるものはわがものではない。これはわれではない。これはわがアートマンではない[6]」

対話のかたちでは、次のように述べられている。

「修行僧らよ。そなたらはどのように考えるか？　物質的なかたちは常住であるか、あるいは無常であるか？」

「〔物質的なかたちは〕無常であります。尊いお方よ」

「では無常なるものは苦しいか、あるいは楽しいか？」

「苦しいのであります。尊いお方よ」

「では無常であり苦しみであって壊滅する本性のあるものを、どうして『これはわがものである』『これはわれである』『これはわが我（アートマン）である』と見なしてよいだろうか？」

「よくはありません。尊いお方よ」

以下、感受作用、表象作用、形成作用、識別作用についても、同様の問答がくりかえされている[7]。

ここでは、世人の理解する〈自我〉なるものが、右の五つの構成要素より成るという思想が前提とされている。なにかしら実態的なものを否定しているところに、「われわれの経験するものは〈非我〉である」という思想が成立する。

世間の凡人ならびに哲学者たちはアートマンを想定し、アートマンを求めている。しかしわれわれ人間の具体的存在を構成している精神的あるいは物質的な要素ないし機能のいずれをも、アートマンと解することはできない。それらは絶えず変化するものであるから、常住不変なるアートマンに相反している。またそれらは苦を伴うから理想的・完成的実体としてのアートマンとは異なるものである。

では、われわれの自己（アートマン）はどのようなものであるか。それは対象的には把捉され得ない。世人がアートマンなりと解するかもしれない、いかなる原理あるいは機能も、じつはアートマンではない、またアートマンに属するものでもない。――これが無我説の大要である。したがって初期の仏教は「我が存在しない」と主張したのではない。ただ客観的・実体的あるいは機能的なアートマン観に反対したのである。

「われには『われが、かつて存在した』という思いもないし、またわれには『われが未来に存在するであろう』という思いもない。潜在的形成力は消滅するであろう。ここに何の悲しみがあるであろうか(8)」

ここでは「われ」というものが実体として存在すると思う見解に反対しているのである。アートマンは存在するか、あるいは存在しないかという問題に関しては、初期の仏教徒は沈黙を守っていた。そうして、実践を基礎づける原理としてのアートマンを想定していたのであった。

自我が実体であるか、あるいは単なる諸心理現象の総括であるか、今日にいたるまでこの問題はまだ解決がついていないし、また簡単に解決できることでもないだろう。しかし、われわれは常に主体的な個人として行動しているのであるから、行為的主体としての自己を否定することはできない。

人は全宇宙に生かされているのである。各個人は、全宇宙をそのうちに映し出す鏡である。この意味において各個人は〈小宇宙〉であると言えよう。ただしその〈小宇宙〉なるものは、他の〈小宇宙〉と代置され得ないところの〈小宇宙〉なのである。

このことわりを理解するならば、極端に離れて対立したものである〈小宇宙〉が本質的には〈大宇宙〉なのである。〈小宇宙〉は〈大宇宙〉と相即する。

個体としての行動は、他から隔絶されている〈個体〉が行動するのではない。〈大宇宙〉の無限の条件づけの一つの〈結び目〉が行動しているのである。

こういう視点にまで到達すると、自分が真理をさとるのだと考えることはできない。全宇宙が自分をして真理をさとらせてくれるのである。

「自己をはこびて万法を修証するを迷とす。万法すすみて自己を修証するはさとりなり」(『正法眼蔵』現成公案)

このことわりを知ることが、いわゆる〈さとり〉であろう。

浄土教の信者のあいだでは、

「わたくしが……する」

とは言わないで、

「わたくしは……させていただく」

という表現をよくする。さらにそれは日本人一般を通じてよく見られる表現である。ここには他力信仰がよく出ているのであるが、限られた存在としての自分のできることではないが、多くの人々の意向を受け、天地自然の恵みにあずかり、たまたま自分がこれこれのことをすることができるようになったと自覚しているのである。

浄土教では如来が自分に信心をくださるという。この場合に、如来と自分とを対照的に表現するから、両者はとかく別のものであると考えられ、対比されるというその限りにおいては同じ次元のものと考えられる傾きがある。しかし全宇宙を如来と呼ぶならば、それと個人とは対比関係にあるのではなくて、相即しているのである。

(1) *Sn*. 756.
(2) *Therag*. 1160.
(3) *Therig*. 101.
(4) AN. IV, p. 18G.
(5) *Sn*. 761.
(6) SN. III, p. 42 ; 45, etc.
(7) *Vinaya*, Mahāvagga, I, 6, 42(43), I, p. 14 ; SN. III, p. 67.
(8) *Therag*. 715.

3　自　由

仏典、ことに禅の語録のうちには「自由」という語がしばしば登場する。「自己に由る」のである。自己に由るようにする（svatantikaraṇa）ということは、すでにサンスクリットの仏教哲学書に説かれている。この自由という語を、明治以後の思想家は西洋の freedom, Freiheit, liberty, liberté の訳語として用いた。いずれも、何々から離れて、ほしいままに、好きなようにできるという意に解していたわけである。free, frei の場合は明らかにそうである。また liberty はラテン語のリーベラーレ（liberāre）からつくられ、「解放する」という原義に由来する。したがって「解放をもとめる」という意識がヨーロッパ人のあいだでは強かったが、東アジアの人々のあいだではそれが弱かったといえよう。

　ところでこの自由ということは、個々の場合に応じて存分に発揮されねばならない。

「いまの学者の不得なるは、病い甚《なん》の所にか在る。病いは不自信の処に在り。なんじもし自信不及《ぎゅう》ならば、すなわち忙忙地《ぼうぼうじ》に一切の境に徇《したが》って転じ、他《か》の万境に回換《えかん》せられて、自由を得ず。なんじもしよく念念馳求《ちぐ》の心を歇得《けっとく》せば、すなわち祖仏と別ならず(1)」

　これを現代語に翻訳すると次のようになる。

「このごろの修行者たちが肝心のところを体得することができないのは、病源はどこにあるのか？　病いのもとは、自ら信じないというところにある。きみたちがもしも自ら信ずるということが徹底しないならば、あたふたとうろたえて、すべての環境にふり廻されて、〈自分の〉自由を得られないのである。きみたちがもしも一念一念に〈外へ向かって〉、求めまわる心を断ち切るならば、そのままで祖師である仏となるのだ」

　心的状態が錯乱することなく、冷静に受けとめて、自分で決定するとき、それが〈無依の道人〉（こだわりのない実践者）と呼ばれるものになる。そこで創造的主体性が発揮される。それは「随処に主となる」境地である。

ただし「随処に主となる」ためには「随処」について、落ち着いた、曇りのない認識が必要である。「随」という字は、無限の多様性を含意する。

冷静に対処するには、一息つくということが大切である。そこで種々の実践法も説かれるのである。古来の聖人、賢哲の教えに万巻の書のあるゆえんである。

抽象的論議の世界から、われわれは現実の世界に還帰するのである。

人生は決して平穏なものではない。つねに難題に直面している。

人間はつねに人々にとりかこまれて生きているのであり、人々との間柄から離脱することは不可能である。そうして自分をとりまく人々の意向、意欲もさまざまであり、時には互いに矛盾している場合も少なくない。そういう場合には下手をすると、自分が傷つく。まるで真剣をもって勝負しているようなものである。

自分をとりまく〈場〉というものも、なかなか複雑であって、簡単には把捉了解することがむずかしいことがある。

こういう難問、難題に直面したときに、あわててはならない。怒ってはならない。

また自分の運命を嘆いてもどうにもしようがない。

ただ自分の置かれている境位を冷静に受けとめて、あわてず、怒らず、嘆くことなく、落ち着いて、自分の行くべき道を打開すべきであろう。

これこそ現代の「公案」と呼ぶべきであろう。

中世の禅人は人里離れたところで修行し、身をもって公案にぶつかっていた。しかし現代のわれわれはまったく異なった雰囲気の中で生活している。浮世のわずらいに悩まされ苦しめられ、もみくちゃにされながら、しかも臨機応変に、「随処に主となる」という自主性をもって力強く行動するとき、ここにわれわれは〈真人〉を認めることができるのであろう。

「赤肉団上《しゃくにくだんじょう》に一無位《いちむい》の真人《しんにん》あり。常になんじら諸人の面門《めんもん》より出入す。未だ証拠せざる者は、看よ、看よ」(2)

これは、われわれの肉体のなかに真実の自己があるが、それは、位のない、ポストのない、名もないものであり、それがなんじらの感覚器官を通じて出たり入ったりしているという。これは自由に活動する主体である。

肉体を離れた霊魂のような無内容のものだと考えられるかもしれないが、真実の主体であるから、肉体をも、感官をも、社会的な地位、名誉のようなものをも生かすのである。もしも肉体や地位などと対立するものであれば、それはすでに対立による制限を受けているから、真実の自己であるとは言えないであろう。

これをブッダと呼んでもよいし、〈仏性〉と呼んでもよい。しかしその名称を用いると、〈インド的〉という印象を与え、仏教臭さを感じさせるので、臨済はことさらにそれを避けたのである。かれはシナ人の心情に訴えるために、老荘の学に由来する「真人」という表現を用いた。

〈自己〉は、われわれの肉体の欲望、本能などと対立するものではなくて、それを制し、それを生かすものである。まさにそのゆえに、身体にはその人の〈自己〉が具現している。人々が肖像を尊重するのは、身体の一部としてのそのすがたに、その人の自己が現われているからである。

自分がなんらかの組織に制約されているのだと思うと、喜びがない。しかし組織や人間関係に制約されながら、それを生かして行くのだと思うと、喜びがある。これが〈随処に主となる〉の意味である。

その、つまらぬケチなものではあるが、全宇宙を含むがゆえに偉大であるところの自己というものは、まさに全宇宙を含むがゆえに、死ぬこともなく、滅びることもない。また〈不生《ふしょう》〉であるともいえよう。生まれた始源がないからである。

この自己が普遍者を具現する。

自己にたよるということは、最も普遍的なものにたよることである。

ゴータマ・ブッダの最後の説法の一つは、〈自らにたよれ。法にたよれ〉ということであった。「この世で自らを島とし、自らをよりどころとして、他のものをよりどころとせず、法（ダルマ）を島とし、法をよりどころとして、他のものをよりどころとせずにあれ(3)」

漢訳文では「自らを島とし、……法を島とし……」という文句を、「自らを灯明《ともしび》とせよ。法を灯明とせよ」と訳していることもある。日本の仏教ではそれを簡潔に「自灯明、法灯明」と表現していることもある。

他人からの圧迫、誘惑などに負けてはならぬ。自分で決定せよ、というのである。

ところで自分で熟考して断乎として決定する場合には何を基準とするか？　「百万人といえども我《われ》行かん」という覚悟を定めるときには、たとい他の人々が何と言おうと、人間としてののり、道すじに従って行動するわけである。他人がいかに反対しようと、自分としては〈これが正しい道だ〉と信じて行動する場合がある。その場合には、〈自己にたよる〉ことは、すなわち〈法にたよる〉ことである（ここでは「法」というのは、人間の理法、ダルマのことである）。また〈法〉は宙に浮いているものではなくて、必ず人間を通じて具現されるから、〈法にたよる〉ことは〈自己にたよる〉ことになる。

「世尊は世の光であります。世尊が亡くなられたらこの世は闇になります。これから何をたよりにして生きて行ったらよいのであろうか」という弟子の悲歎に応えられた釈尊の言葉は、次のように伝えられている。

「それゆえに、この世で自らを島とし、自らをたよりとして、他人をたよりとせず、法を島とし、法をよりどころとして、他のものをよりどころとせずにあれ。では、修行僧が自らを島とし、自らをたよりとして、他人をたよりとせず、法を島とし、法をよりどころとして、他のものをよりどころとしないでいるということは、どうして起こるのであるか？

アーナンダよ、ここに修行僧は身体について身体を観じ、熱心に、よく気をつけて、念じていて、世間における貪欲と憂いとを除くべきである。

感受について感受を観察し、熱心に、よく気をつけて、念じていて、世間における貪欲と憂いとを除くべきである。

もろもろの事象についてもろもろの事象を観察し、熱心に、よく気をつけて、念じていて、世間における貪欲と憂いとを除くべきである。

アーナンダよ、このようにして、修行僧は自らをたよりとして、他人をたよりとせず、法を島とし、法をよりどころとして、他のものをよりどころとしないでいるのである。

アーナンダよ、いまでも、またわたしの死後にでも、誰でも自らを島とし、自らをたよりとし、他人をたよりとせず、法を島とし、法をよりどころとし、他のものをよりどころとしないでいる人々がいるならば、かれらはわが修行僧として最高の境地にあるであろう。――誰でも学ぼうと望む人々は――」(4)

たとい生身《なまみ》の釈尊は亡くなっても、真実の人間の理法は生きている。それは個々の人間の愛情関係を超えたものである。そうして、それだけがたよりになる。

ここに述べられた言葉は、真実の言葉である。いかなる時代にも、いかなる民族においても奉ずべきものである。

真実なるものは普遍的である。なんぴとといえども実行せねばならぬものであるということによって、真実であることが基礎づけられる。

自己を生かすものは、普遍的なものである。昔の人々の行なったところであり、また未来の人々の行なうであろうところのものである。われわれは普遍的なものを実践することによって、古人とともに生きることができる。昔に思いを馳せるということも無意義ではなくなるのである。

よく「自分がたよりにならぬ」ということを言う人がある。それは、人間というものは自分を高いダルマの立場に立って反省することをとかく忘れる傾向があるので、そのように言われるのである。〈高い立場から見る〉ということを、仏にたよるということだとも言えるであろう。念仏の本義もそこにあると言えよう。あさはかな自分を忘れることである。〈神に祈る〉というのも趣旨は同じことになるであろう。そうして低次元の自分を忘れるという努力は、つねに心がけて行なわねばならぬ。どのように反省するか、ということは、人によって皆ちがう。しかし反省せねばならぬという必要は、なんぴとにとっても同じである。

この立場に立つと、自己を求めるということは、また道を求めるということである、と言ってよい。両者は合致する。

道元はいう。

「仏道をならふといふは、自己をならふなり。自己をならふといふは、自己をわするるなり。自己をわするるといふは、万法《まんぼう》に証せらるるなり。万法に証せらるるといふは、自己の身心、および他己の身心をして脱落せしむるなり」(5)

人間が生きている限り、エゴイズムというものは人間にとって本質的なものである。人間のうちには小さな我《が》がある。それを否定するのではなくて、高い理想に向かって生かすのである。

エゴイズムの枠《わく》を、高らかにひろげるのである。全社会と、さらに全宇宙との連関を発見することである。そうすれば自己を忘れて自己を実現するという境地が現われるであろう。

こういう高い立場に立つならば、「自己を守れ」とか、「自己を愛《いと》しめ」という原始仏教の教えをよく理解することができる。

（1）『臨済録』大正蔵、四七巻四九七中。
（2）『臨済録』大正蔵、四七巻四九六下。
（3）*DN*. II, p. 100.
（4）*MPS*. II, 26 ; *DN*. II, p. 100.
（5）『正法眼蔵』「現成公案」。

4　自己を守る

大いなるものに随順するということは、自己を愛《いと》しみ、自己を守ることであると言いうる。「もしも人が自己を愛《いと》しいものと知るならば、自己をよく守れ。賢い人は、夜の三つの区分のうちの一つだけでも、つつしんで目ざめておれ(1)」

「夜の三つの区分のうちの一つ」というわけはこうである。――古代インドでは夜に三つの時分(yāma)があると考えていた。それと同様に人生にも三つの時期(vaya)がある。第一の時期(paṭhamavaya)では遊戯に夢中になっている(khiḍḍāpasutatā)。第二の中間の時期(majjhimavaya)には妻子を養っている。第三の最後の時期(pacchimavaya)だけは少なくとも善をなすべきであるというのである。この三つの時期は、ほぼ少年期、壮年期、老年期に相当するといえようか。ブッダゴーサによると、人生の三つの時期(vaya)のうち少なくとも一つの時期は目ざめて修行に努めよ、という。在俗信者が第一の時期に善をなすことができなくても、第二の時期に行なうべきである。第二の時期に妻子を養っているために善をなすことができなければ最後の時期に行なうべきである。第一の時期に出家したが怠けた場合には、第二の時期に沙門の法を行なうべきである。第二の時期に怠ったときには、最後の時期に沙門の法を実行すべきであるという。

なお「目ざめておれ（patijaggeyya）」というのは、漢訳『法句経』には「不寐」とあるから、眠らないことを言う。

ここでいう〈自己〉は、限られている存在、有限な自己ではない。大いなるものに生かされている自己であり、よりどころを自覚している自己である。

それは人間が究極において孤独なものであるということを自覚したときに、はっきりと現われる。

「じつに自己は自分の主《あるじ》である。自己は自分の帰趨《よるべ》である。ゆえに自分をととのえよ。——商人が良い馬を調教するように(2)」

これと同じ趣旨であるが、次のようにも言う。

「自己こそ自分の主《あるじ》である。他人がどうして〔自分の〕主であろうか？　自己をよくととのえたならば、得がたき主を得る(3)」

主（nātha）は、英語で言えば lord であるが、「よるべ」という意味を寓しているとも解することができる。自己以外のものにたよってはならない。自己にたよることは、また理法（ダルマ）にたよることである。ここに強い確信が成立する。これは、ものごとを理詰めに考える現代人にとって、まさに「お守り」となるであろう。

〈みずからをととのえる〉ということは、世俗の職業生活における真剣な努力にたとえられる。

「水道をつくる人は水を導き、矢をつくる人は矢を矯《た》め、大工は木材を矯《た》め、賢者（paṇḍita）は自己をととのえる[4]」

「水道をつくる人は水を導き（udakaṃ hi nayanti nettikā）」という文句を、マックス・ミュラーは Wellmakers lead the water (wherever they like) と訳している。しかしナーラダ長老は nettika を irrigator とし、N. K. Bhagwat は those who make the channels と訳している。漢訳を見ると「水人調レ船」（『法句経』『出曜経』一八巻、水品）、「水人能調レ水」（『増一阿含経』三一巻）、「度レ水須二橋船一」（『別訳雑阿含経』一巻）、「為レ水所二漂没一亦好レ被二練剛一」（『鴦崛髻経』）、「水工調二舟船一」（『法集要頌経』二巻、水喩品）というから、ナーラダ長老の解釈のほうが正しい。リューダースは漢文は参照しなかったけれども、『リグ・ヴェーダ』における用例から見て、「水を導く」というのは「運河をつくる」（kanalisieren）ということであると主張している。『リグ・ヴェーダ』4. 26, 2 ; 2. 12, 7 ではインドラ神についていう（H. Lüders : *Varuṇa*, I. S. 176-177）。

〈みずからを守る〉ためには、また、城壁を守る兵士のような覚悟を必要とする。

「辺境にある、城壁に囲まれた都市が内も外も守られているように、そのように自己を守れ。瞬時も空しく過ごすな。瞬時を空しく過ごした人々は地獄に堕《お》ちて、苦しみ悩む[5]」

「辺境にある……都市（nagaraṃ paccantaṃ）」を漢訳『法句経』には「辺城」と訳している。マックス・ミュラーは a frontier fort と訳すが、これは誤訳であり、a border city (Nārada), a frontier town (Radhakrishnan) というほうが正しい。インドで a fort, fortress を意味するときには、サンスクリット語で durga, hota, gulma という（ドイツ語の Burg に相当し、また英語の Fort をそのままドイツ語として用いることもある）。nagara とは、人間が集まっている市、町であり、インドでは古来、都市は城壁に守られ、人々はその中に住んでいた。外敵を防ぐために市民たちは城壁の中に暮らしていたのである（外敵に侵略されたことのない日本の「城《しろ》」とはまったく性格を異にする。日本の「城」には封建領主と武士だけが住んでいた）。ところがマックス・ミュラーはインド人の生活をよく知らず、また知ろうともしなかったのでこういう誤解が生じたのである。他方、漢訳の「城」は適当である。なんとなればシナ大陸では民衆は城壁の中に住んでいたからである。ところが日本の従来の訳が多く「城砦」の意にとっているのは、ヨーロッパの学者の誤解をそのまま受けついだか、または漢文の「城」と日本語の「城」とが意味を異にすることに気づかなかったためである。

「瞬時も空しく過ごすな（khaṇo ve mā upaccagā）」というのは、直訳すると「正しい瞬間（好機）がなんじらにとって過ぎ去ることのないように」ということである。

自己をよりどころとするように努めるということは、洪水のため一面に水浸しとなって大海のように見えるところに〈洲《す》〉を作るようなものである。

「なんじは自己の良き洲を作れ。けだしなんじには他のよりどころがないからである[6]」

〈みずからをととのえる〉ということは、具体的にいうと、悪い行ないをなさないで、善いことを行なうように努めることである。

「みずから悪をなすならば、みずから汚れ、みずから悪をなさないならば、みずから浄《きよ》まる。浄いのも浄くないのも、各自のことがらである。人は他人を浄めることができない」[7]

人の身が汚れ、また浄められるのも、各自の作り出した現象なのである。

「たとい他人にとっていかに大事であろうとも、〔自分ではない〕他人の目的のために自分のつとめをすて去ってはならぬ。自分の目的を熟知して、自分のつとめに専念せよ」[8]

「自分のつとめ」の原語attadatthamを、漢訳『法句経』には「所務」と訳すが、「自分のつとめ」のことである。また「自分のつとめ」の別の原語sadatthaを漢訳『法句経』には「事務」と訳すが、自分のなすべきつとめのことであろう。duty (Max Müller) ; task (Radhakrishnan)。他方、ナーラダ長老はatthaをwelfare, interestつまり「利」と訳している。そうすると、「自分の利をこころがけよ」ということになり、この詩の意義は多分に独善的となる。シナ的ヨーロッパ的な理解のしかたと南方仏教僧的な理解のしかたが異なっていると言えるのであろうか。

自己に打ち克つのは至難のわざである。

「戦場において百万人に勝つよりも、唯だ一つの自己に克つ者こそ、じつに最上の勝利者である」[9]

現代においては欲望のおもむくがままに行動し、欲望を享受するのが人間の生き方だと人々は考えがちである。そのために歯止めがきかなくなった。そこで家庭でも社会でも混乱が生じ、どうにもならなくなった。

ほうっておけば、人間というものは、勝手なことをする。だから反省してととのえる、制するということが必要なのである。

「己れに打ち克って正しい生き方をする」というこの精神は、たんに個人個人についての問題ではなくて、現代では利益団体と他の利益団体、国家と国家との相克について、とくに要請さるべきであろう。とくに強国の国家権力が自己に打ち克ち理法に従うということがなければ、人類は破滅するのみである。

「自己に打ち克つことは、他の人々に勝つことよりもすぐれている。つねに行ないをつつしみ、自己をととのえている人、――このような人の克ち得た勝利を敗北に転ずることは、神も、ガンダルヴァ（天の伎楽神）も、悪魔も、梵天もなすことができない」[10]

梵天（brahmā）は、世界を創造した主神として当時の人々から尊崇されていた。そのような全能者でも、自己に打ち克って確信をもっている人を敗北させることはできない。また悪魔は人々を誘惑する者と考えられていたが、その悪魔でさえも誘惑することができない。

この自己修養は、一切の宗教儀礼にまさっている。

「百年のあいだ、月々千回ずつ祭祀《まつり》を営む人がいて、またその人が自己を修養した人を一瞬間でも供養するならば、その供養することのほうが、百年祭祀を営むよりもすぐれている」[11]

世間の富裕な人々は、たびたび祭祀を行なう。しかし、自己修養をした人を一瞬間でも尊敬することのほうが、はるかに勝《まさ》っているのである、と言う。ここに、やがて仏教者の教団が成立するに至った根拠を認めることができる。
「百年のあいだ、林の中で祭祀の火につかえる人がいて、またその人が自己を修養した人を一瞬間でも供養するならば、その供養することのほうが、百年祭祀を営むよりもすぐれている」[12]
ここで「祭祀の火」というのは、バラモン教では祭祀の火を尊び、その火は神とみなされていたことに言及しているのである。

(1) *Dhp*. 157.
(2) *Dhp*. 380.
(3) *Dhp*. 160.
(4) *Dhp*. 80.
(5) *Dhp*. 315.
(6) *Therag*. 412.
(7) *Dhp*. 165.
(8) *Dhp*. 166.
(9) *Dhp*. 103.
(10) *Dhp*. 104.
(11) *Dhp*. 106.
(12) *Dhp*. 107.

5 自己の心を知る――良心の問題

自己を自己として意識させるものは、自分の〈心〉である。したがって〈心〉は全宇宙を中におさめているということができる。自分一個人の心が全宇宙を、あらわに顕勢的に反映し、またひそかに潜勢的に反映しているのと同様に、他人である一人一人の心が全宇宙をそのようなしかたで反映しているのである。

その道理を理解して、あるがままに見て、偏執を用いないことを「赤子の心」とか「無心」とかいうのである。仏教では「嬰児行」（呉音では「ようにぎょう」）という。

私心、我を離れて、あらゆることがらを、あるがままに見よ、というのである。

このように考えてくると、「自己を知る」ということは〈自心を知る〉と表現されることにもなる。

弘法大師の師、恵果《けいか》は教えた。

「もし自心を知るは、すなわち仏心を知るなり。仏心を知るは、すなわち衆生の心を知るなり。三心平等なりと知るは、すなわち大覚と名づく(1)」

この境地にまで達すると、自己の心は宮殿のようなすばらしいものである。

「男女もしよく〔阿字の〕一時を持《たも》たば、朝朝《あさなあさな》一《もっ》ぱら自心の宮を観ぜよ。自心はただそれ三身の土なり(2)」

自分の心が、じつは仏の法身・報身・応身の住むところであり、自己の心の中に仏が住している、というのである。

禅僧である抜隊《ばっすい》（一三二七―一三八七）の所説の眼目は「自心」を明らめることであった。

「成仏の道とは、自心を悟る是なり。自心と云は、父母もいまだ生まれず我身もいまだなかりしさきよりして、今に至るまでうつりかはる事なくして、一切衆生の本性なるゆへに是を本来の面目と云へり(3)」

さて、心が無心となり、鏡のように相手を映し出し、相手の身になって考えるところに、他人と共同する倫理が成立する。

この立場に立って自覚すると、

「いまこの三界は悉《ことごと》く是れわが有なり、その中の衆生はみな吾が子なり(4)」

ということが言えるようになる。

良心の問題も、この視点から、〈自己〉の問題として把捉することができるであろう。

原始仏教では特別に「良心」という語を用いることはないが、ある場合には、アートマンすなわち自己が自己の監視者として、西洋倫理学でいう「良心」に近いものと考えられていた。

「悪い行ないをする人にとっては、世間に秘密の場所というものは存在しない。人よ。真実であるか虚偽であるかを、なんじのアートマンが知っているのだ。

証人よ(sakkhi)。じつに尊いアートマンをなんじは軽視している。――自己のうちに悪があるのに、自分らのために隠そうとするなんじは――(5)」

これはバラモン教のほうで『マヌ法典』(八・八四)において、

「自己(アートマン)こそじつに自己の証人(sākṣin)であり、また自己は自己の帰趣(gati)である。もろもろの人間にとって最高の証人である自分の自己を軽視することなかれ」

という思想に対応するものである。自分自身が証人となるのである。

原始仏教のみならずインド思想一般では「良心」(conscience, Gewissen) という術語をつくらなかった。良心の問題はどこまでもアートマンの問題として論ぜられているのである。自己が自己の証人、監視者となるのである。

また悪い行ないは人々に非難されるべきであり、たとえ人々に知られなくても、まず「自分が知っている」という思想も述べられている。

「『不殺生によって殺生が捨てらるべきである』といったのは、何を意味するのであるか？……もろもろの束縛のためにわれは殺生者であったのであるが、それらの束縛を捨て断ずるために努めている。もしもわれがじつにに殺生者であったならば、その殺生に関して自己もまたわれを誹るであろう。智者もそれを知って、殺生に関して、われを非難するであろう」[6]

道徳的な他の七つの定めについても一々同様のことが説かれている。

このようにヒンドゥー教および原始仏教においては、自己が知るのであって、西洋におけるような「神と共に知る」(Gewissen, conscientia) という思想と截然と対立する。

では良心の問題に関して「東は東、西は西」なのであろうか？
けっしてそうではない。原始仏教においては、上記の説と並んで、善悪の行為を神々が見ているという思想があり[7]、また、世人のなす悪は、神 (deva) と人格を完成した人々 (tathāgata, pl.) が見ているから隠すことはできぬともいう[8]。

インド仏教的思惟においては、矛盾した思想を併説しても一向に意に介しない。また修行によって人格を完成した人は特別の神通力・透視力があると考えられていたらしい。仏も人格を完成した人の一人である。

「人は、〔盗みをしないのに、〕他人の〔「お前は盗んだ」という〕ことばで、盗人となるのではない。人は、他人のことばで、聖人となるのでもない。人は、おのれ自身を知っているように、神々もまた同様に、かれ自身のことを知っている[9]」

この思想は叙事詩『マハーバーラタ』(III, 207, 54)のうちにも存する。

「じつに人は罪を犯したならば、『われは人間ではない』と考えるであろう。神々はその人を見ているし、また各自の内部にある内我(antarpuruṣa)もこれを見ている」

まさに良心の声に相当する。

シナの思想家は、この道理を、一般的な命題としてではなくて、事例によって説こうとした。東漢時代の役人である楊震に、ある人が賄賂をおくろうとし、「誰も知らないから」と言ったのに対して、かれは「天知る、神知る、我知る、子(=あなた)知る。何ぞ知ることなしと謂う」と答えたという[10]。

原始仏教では、われわれの行為の監視者として、神々と人格完成者(仏など)とわれわれの自己とを挙げているが、そのうちどれかを究極的なものと考えて、他を派生的なものと考えることをしなかった。

(1)『続性霊集補闕鈔』第九巻、九八。

(2)『性霊集』第一巻、四、喜雨の歌。

（3）『塩山仮名法語』。
（4）『法華経』方便品。
（5）AN. I, p. 149G.
（6）MN. I, p. 361.
（7）*Therag*. 497.
（8）AN. I, p. 150G.
（9）*Therag*. 497.
（10）『小学』外篇、善行。

6　他人に対して

自己が自分にとって最も大切なものであるということを自覚した人は、他人にとっても他人の自己が最も大切なものであるということを理解することができる。

「『どの方向に心でさがし求めてみても、自分よりもさらに愛《いと》しいものをどこにも見出さなかった。そのように、他の人々にとっても、それぞれの自己が愛しいのである。それゆえに、自己を愛する人は、他人を害してはならない』と」(1)

サンスクリットでも同様の文句が伝えられている。

「どの方向に心でさがし求めてみても、自分よりもさらに愛《いと》しいものをどこにも見出さなかった。そのように、他人にとってもそれぞれの自己が愛しいのである。それゆえに、自分のために他人を害してはならない(2)」

ここにわれわれは、対人的な道徳の成立する根拠を見出すことができる。

ゴータマ・ブッダ（釈尊）の時代の大国の一つとして、北方にはコーサラ国があったが、その国王はパセーナディ王であった。あるときこの王は、マッリカー妃とともに美麗絶佳なる宮殿の上で、四方を眺めながら、くつろいでいたことがある。インドの宮殿は、屋根の上が平らで、歩んだり休息することができるようになっているので、妃とともに風光を楽しんでいたのであろう。そのとき王は妃にたずねた。——

「マッリカーよ。お前にとって自分よりももっと愛しいものが、なにかあるかね？」

王は、ある答えを予期していたのであろう——甘い答えを。

ところが、妃ははぐらかしてしまった、——

「大王さまよ。あなたにとっても、自分よりももっと愛しいものがありますか？」

「マッリカーよ。わたしにとっても、自分よりももっと愛しいものは、なにもない」

王はおそらく興ざめして、がっかりしたのであろう。かれひとり宮殿から下りて、釈尊のところへおもむいて、右の次第を告げた。そのとき釈尊は、このことを知って、「自己より愛しいものはない」という趣旨の、右にかかげた詩句をとなえた、という。

人々が生きてゆくためには、各自が自己の存在をたもち、それを顧慮するということが第一の条件となっている。そうして、その事実は、各自が自覚し意識していることである。

もしもそうであるならば、他人も同様であると考えて、相手に対し、他人に対し、いたわりの心をもたなければならない。

最初期の仏教では、わが身に引きくらべて他人に同情しなければならぬ、と説いている。

「『かれらもわたくしと同様であり、わたくしもかれらと同様である』と思って、わが身に引きくらべて、〔生きものを〕殺してはならぬ。また他人をして殺させてはならぬ(3)」

「自己を護る人は他の自己をも護る。それゆえに自己を護れかし。〔しからば〕かれは常に損ぜられることなく、賢者である(4)」

自己を愛しく思うように、他人も自己を愛しく思っているのだと知れば、人は他人を害なうことはないはずであるが、現実の世を見ると、人々の「自己」は守られていない。人々は毎日、害なわれている。

「人々は人々に束縛され、人々は人々に依存する。人々は人々に害なわれ、人々は人々を害なう。だれが人々を必要とするのであろうか。あるいは、だれが人々の生んだ人々を必要とするのであろうか。人は多くの人々を害なって、しかもその人々を捨てて行くのであろう(5)」

「こういうわけで、ある在家の人々をも、さらに出家者をさえも、信頼してはならない。もとは善良であっても、のちに不良となる者どもがいる。また、もとは不良であっても、のちに善良となる人々がいる(6)」

物理的生理的な意味で、あるいは社会的な意味で、他人を害なうことは最大の罪悪である。

「すべての者は暴力におびえ、すべての者は死をおそれる。すべての生きものにとって生命は愛しい。己《おの》が身に引きくらべて、殺してはならぬ。殺さしめてはならぬ[7]」

他人に対して同情をもつということが、じつは真の自己を実現するゆえんである。

他人の自己に対して理解、同情をもつということは、自他の対立意識をもたぬことである。

「これらの人々は自我の観念に執著し、他我の観念に縛せられている。ある人々はこのことを知ることがなかった。またそれを〔束縛の〕矢であると見なかった。しかるにこれを矢であるとあらかじめ見た人には「われがなす」という念も起こることがない。〔しかるに〕これらの人々は、慢心をもち、慢心の枷あり、慢心に縛せられ、もろもろの見解において努めても、輪廻を超えることがない[8]」

自他の対立の観念を超越することが、原始仏教の修行者の目指すところであった。

「われには『われありき』という思いもなく、われには「われあらん」という思いもない。潜在的形成力は消滅するであろう。ここに何の悲しみがあろうか[9]」

他人に対して人間の理法を説く場合には、自分のほうが身を修めた人でなければならない。

「まず自分を正しくととのえ、ついで他人を教えよ。そうすれば賢明な人は、煩わされて悩むことがないであろう[10]」

パーリ文で「まず自分を正しくととのえ、ついで他人を教えよ」という文句を、漢訳『法句経』に「まず自ら正すことを学び、しかる後に〔他〕人を正す。……身すらも利することあたわずんば、いずくんぞよく〔他〕人を利せん」と訳しているのは、その趣意を語っていると言えるであろう。自らの修養がまず大切である。

「他人に教えるとおりに、自分で行なえ――。自分をよくととのえた人こそ、他人をととのえるであろう。自己はじつに制しがたい」[11]

自分の置かれている環境は常に変化し、流動的である。その中に身を処して適切に身をととのえるということは、なかなかむずかしい。しかしその困難な社会の中で生き抜いてゆかねばならぬ。ことにわれわれは自分についての反省を忘れがちであるから、他人に対して教えて言うことを、まず自分に対して向けねばならないのである。

――自分のことを棚にあげることのないように。他人を見るような眼で、冷静に自分を見つめよ。

(1) *SN*. I, p. 75.
(2) *Udv*. V, 18.
(3) *Sn*. 705.
(4) *AN*. III, p. 373G.
(5) *Therag*. 149-150.
(6) *Therag*. 1009. これ以下 *Therag*. 1012までの四つの詩句は、教団破壊を試みたデーヴァダッタにくみしたヴァッジ人たちに関してうたわれたものであると註解されているが、必ずしもそのように解する必要はなく、むしろ世相一般について述べたものだと言えるであろう。
(7) *Dhp*. 129-130.
(8) *Ud*. VI, 6.
(9) *Therag*. 715.
(10) *Dhp*. 158.

（11） *Dhp*. 159.

三　超　克

1　わがもの

狭い自己を超越するということは、自分に属するもの、〈わがもの〉という観念を超越することである。人が「自分のもの」として主張するものも、よく考えてみると、種々の条件や状況によって、仮に自分に所属すると定められているだけであって、条件や状況が変わると、必ずしも自分に属するとは言えなくなることが、世間ではよくみかけられることである。

だから、〈自分の所有〉という観念を超越することは、他人との一体感を育てることになる。旧来のウパニシャッドの哲学で説く〈ブラフマンへの到達〉ということは、こういう意味に解さなくてはならない。

「バラモンよ、人間におけるわがものという観念を捨てて心を統一し、あわれみに専念し、臭穢を脱し、淫事より遠ざかり、ここにあって、しかもここに学ぶ人は、不死のブラフマン世界に達する」(1)

ところが世間の人々は、自分に属するもののゆえに悩んでいる。

「『わたしには子がある。わたしには財がある』と思って愚かな者は悩む。しかしすでに自己が自分のものではない。ましてどうして子が自分のものであろうか。どうして財が自分のものであろうか(2)」

ヴェーダ時代から仏教の興起する以前までの時代には、財産といえばとくに家畜のことである。だから右の趣旨を次のようにも表現している。

「子供や家畜のことに気を奪われて、心がそれに執著している人を、死はさらっていく。——眠っている村を大洪水が押し流すように(3)」

考えてみれば、これは現代人の悩みを一言でついているのではなかろうか。

人は、貧苦を脱すれば、もう少し良い生活ができるだろうと思って、一所懸命にはたらく。そこで財がつくられる。しかしそうなれば、またそれにつれて悩みが起こる。だから財を持ちながら、それにとらわれぬ心が必要ではなかろうか。家族や親しい友人についても同じである。

次の対話は、この事情を示している。

「〔悪魔いわく〕人々が『これはわがものである』と語るところのものを、『〔これは〕わがものである』と語る人々——

そなたの心がそこにとどまっているならば、修行者よ、そなたは、わたしから脱れることはできないであろう。

〔尊師いわく〕人々が〔わがものであると執著して〕語るところのもの、それは、わたしに属するものではない。

〔執著して〕語る人々がいるが、わたしはかれらのうちの一人ではない。

悪しき者よ、そなたは、わたしの行く道をも見ないであろう(4)」

その趣旨を要約すると次のようになる。

「人々は『わがものである』と執著したもののために悲しむ。〔自己の〕所有しているものは常住ではないからである。この世のものはただ変滅するものである、と見て、在家にとどまっていてはならない。

人が『これはわがものである』と考えるもの、――それは〔その人の〕死によって失われる。われに従う人は、賢明にこの理を知って、わがものという観念に屈してはならない(5)」

われわれは何ものかを失うと、がっかりする。その場合には、そのものが因縁によって成り立っていたのだと思うと、あきらめもつく。

「世間を、草や薪に等しい、と明らかな智慧をもって観ずるとき、かれは、〈わがもの〉という観念を見出しえないがゆえに、『われに〔このものが〕存しない』といって悲しむことがない(6)」

このように達観した人は、悲嘆に落ちこむこともない。「もう青春を失ったのだ！」と思って、老いをかこつこともない。

「名称と形態について、〈わがものという思い〉のまったく存在しない人、また〔何ものかが〕ないからといって悲しむことのない人、――かれはじつに世の中にあっても老いることがない(7)」

「『これはわがものである』また『これは他人のものである』というような思いがなにも存在しない人、――かれは〔このような〕〈わがものという観念〉が存しないから、『われになし』といって悲しむことがない(8)」

（1）*DN*. II, p. 241G.
（2）*Dhp*. 62.
（3）*Dhp*. 287.
（4）SN. I, p. 116G. ; p. 123G.
（5）*Sn*. 805-806.
（6）*Therag*. 717.
（7）*Sn*. 950 ; Dhp. 367.
（8）*Sn*. 951.

2　無執著

以上に述べたことを換言するならば、執著《しゅうじゃく》のないこと、こだわりのないことだと言えよう。それが、自由濶達な、思うがままの活動の原動力となるのである。

「わがものとして執著したものを貪《むさぼ》り求める人々は、憂いと悲しみと慳《ものおし》みとを捨てることがない。それゆえにもろもろの聖者は、所有を捨てて行なって安穏《あんのん》を見たのである(1)」

「執著することなくして、常に心をとどめ、わがものと執したものを〔すべて〕捨て去って、世の中を歩き回る人々(2)」というのが、理想の人なのである。それは自己を実現し、自己にたよっている人々である。「自己を洲《す》（よりどころ）として世間を歩み、無一物で、あらゆることに関して解脱している人々(3)」であるともいう。

人々は、「自分にもう少し財産があればよいのになあ！」と思って、かこっている。財産のあること、お金持ちであることが、理想の境地であると思っている。しかし、金持ち、財産のある人は、それなりにかえって苦労しているのである。

『大無量寿経』のうちには、末世の人々が苦しみ悩むあさましい世相をくわしく述べている（この一節を「五悪段」という(4)）。

「尊となく卑となく、貧となく富となく、小長・男女、ともに銭財を憂う。〔銭財の〕あるものもなきものも、同然《どうねん》にして、憂いの思いはまさに等し。屛営《びょうよう》として愁苦《じゅく》し、念《おも》いをかさね、慮《おもんぱか》りをつみ、心のために走《は》せ使われて、安き時のあることとなし。田あれば田を憂い、宅あれば宅を憂い、牛馬〔等の〕六畜《ごめ》・奴婢《ぬび》・銭財・衣食《えじき》・什物《じゅうもつ》、またともにこれを憂う。思いを重ね、息《ためいき》を累《かさ》ね、憂念《うねん》し、愁怖《じゅふ》す。横《よこさま》に非常の水火・盗賊・怨家《おんけ》・債主のために、〔いかなる財物も〕焚《や》かれ、漂《ながさ》れ、劫奪《ごうだつ》せられて、消散し磨滅す。憂毒《うどく》、忪忪《しゅじゅ》として、解くる時あることなし。憤《いかり》を心中に結びて、憂悩《うのう》を離れず。……」

身分の高い者も低い者も、貧しい者も富める者も、老いも若きも、男も女も、ことごとく皆、金銭・財貨に心をわずらわす。持てる者も持たざる者もその憂き思いにかわりはない。うろうろと愁え苦しみ、心配ばかり積み重なり、心は追いまわされて安らう時がない。田があれば田を憂え、家があれば家を憂え、牛や、馬や、六種の家畜や、男女の召使いや、金銭・財貨や、衣服・食物や、家具などを憂える。思いや憂いが重なり重なって人々は憂え戦《おのの》くのだ。横あいから思いがけず、水火や、盗賊や、怨みを抱く者や、債権者に流され、焼かれ、奪われて、消え失せ、散り失せ、こすれ砕けて滅びるのだ。毒ある憂いは心を悩まして離れる時がない。怒りを心中に結んで、憂いと苦悩とは離れることがない……。

人間は欲が深いから、財産があってもなくても苦労する。美田を持っているならば、他人や鳥獣に荒らされないように、雑草が生えないように、心配せねばならぬ。洪水、火事が起こりはしないか、盗賊や敵や借金取りに財産を掠奪されはしないか、始終いろいろと心配せねばならぬ。

他方、貧乏な人々はまた、やはり苦労や悩みがある。(5)

「貧苦《びんぐ》・下劣のものは、困乏《こんぼう》して常に〔財物〕なし。田なければ、また憂いて田あらんことを欲《おも》い、宅なければ、また憂いて宅あらんことを欲い、牛馬《ごめ》〔等の〕六畜・奴婢《ぬび》・銭財・衣食《えじき》・什《じゅう》物《もつ》なければ、また憂いてこれあらんことを欲う。たまたま、一あればまた一を少《か》き、これあればこれを少く〔がゆえに〕、有ること斉等《さいとう》ならんことを思う。〔しかるに〕たまたま、つぶさにありとおもえば、すなわちまた糜散《みさん》す。かくのごとく、憂苦《うく》して、まさにまた求索《ぐさく》すれども、ときにうることあたわず。思想するも益《やく》なく、身心ともに労《つか》れて、坐起安《やす》からず。憂念《うねん》あい随って、勤《ごん》苦《く》することかくのごとし」

貧しく、困窮し、下劣な人々は困苦欠乏して常に〔なにものも〕ない。田がなければ田を欲しいと思い、家がなければまた家が欲しいと思い、牛や馬や、六種の家畜や、男女の召使いや、金銭・財貨や、衣服・食物や、家具がなければまたこれらを欲しいと思う。たまたま〔その中の〕一つがあるときは、また他の一つが欠け、これがあれば、あれが欠け、すべてを等しくもちたいと願って、願いのままに具わるかと思えば、たちまち散り失せるのだ。憂い苦しむこと、このようである。

まるで二千年前の人が現代の世相をあてつけて言っているようではないか。

これらの苦しみ悩みから脱する道というものは何もない。人間は欲望を離れることはできないが、欲望や希望のとおりにいかなかったときに、あきらめることはできる。

悩みを訴えたドータカというバラモンに対して釈尊は教えた。――

「ドータカよ。上と下と横と中央とにおいて、そなたが気づいてよく知っているものは何であろうと、――それは世の中における執著の対象であると知って、移りかわる生存への妄執をいだいてはならない」(6)

それが死を克服する唯一の道である。

「バラモンよ。名称と形態とに対する貪りをまったく離れた人には、もろもろの煩悩は存在しない。だから、かれは死に支配されるおそれがない」(7)

(1) *Sn.* 809.
(2) *Sn.* 466.
(3) *Sn.* 501.
(4) 『大無量寿経』大正蔵、一二巻二七四中―下。
(5) 『大無量寿経』大正蔵、一二巻二七四下。
(6) *Sn.* 1068.
(7) *Sn.* 1100.

ご購読ありがとうございます。このカードは、小社の今後の出版企画および読者の皆様とのご連絡に役立てたいと思いますので、ご記入の上お送り下さい。

〈書　名〉※必ずご記入下さい

●お買い上げ書店名(　　　　地区　　　　　　書店　)

●本書に関するご感想、小社刊行物についてのご意見

※上記をホームページなどでご紹介させていただく場合があります。(諾・否)

●購読メディア	●本書を何でお知りになりましたか	●お買い求めになった動機
新聞 雑誌 その他 メディア名 (　　　　)	1. 書店で見て 2. 新聞の広告で (1)朝日 (2)読売 (3)日経 (4)その他 3. 書評で (　　　　紙・誌) 4. 人にすすめられて 5. その他	1. 著者のファン 2. テーマにひかれて 3. 装丁が良い 4. 帯の文章を読んで 5. その他 (

●内容	●定価	●装丁
□満足　□不満足	□安い　□高い	□良い　□悪い

●最近読んで面白かった本　(著者)　　　　(出版社)

(書名)

㈱春秋社　電話 03-3255-9611　FAX 03-3253-1384　振替 00180-6-24
E-mail:info@shunjusha.co.jp

郵便はがき

料金受取人払郵便

神田局
承認

1280

差出有効期限
令和5年3月
31日まで
(切手不要)

101-8791

535

千代田区外神田
二丁目十八―六

春秋社

愛読者カード係

お送りいただいた個人情報は、書籍の発送および小社のマーケティングに利用させていただきます。

(フリガナ) お名前	歳	ご職業
ご住所 〒		
E-mail 社より、新刊/重版情報、「web 春秋 はるとあき」更新のお知らせ、 ベント情報などをメールマガジンにてお届けいたします。	電話	

新規注文書（本を新たに注文する場合のみご記入下さい。）

ご注文方法　□**書店で受け取り**　□**直送(代金先払い)** 担当よりご連絡いたします。

地区	書名		
			冊
			冊

3　少欲知足

執著を離れるといっても、人間が生きているかぎりは、なにごとかを意欲し、欲望をもつ。意欲や欲望はつねに対象を志向しているから、その対象に対する執著があるはずである。それは事実である。しかし、その欲望や執著が少ない場合には、人間の社会的行動においてはほとんど影響力をもたない。いわば無に等しい状態にあると言ってもよいことになる。

そこで、少欲・知足ということが説かれることになる。

「足《た》ることを知り、わずかな食物で暮らし、雑務少なく、生活もまた簡素であり、もろもろの感官が静まり、聡明で、高ぶることなく、もろもろの〔人の〕家で貪《むさぼ》ることがない[1]」

わずかなもので満足することを、足るを知る（「知足」）という。満足していることをサンスクリット語で saṃtuṣṭi というが、これを「知足」と訳している（『出曜経』泥洹品、大正蔵、四巻七三二上、『大乗荘厳経論』および *Mahāyānasūtrālaṃkāra* に対する索引参照）。また tuṣṭi（『大乗荘厳経論』）や saṃtuṣṭa（Tib. chog ŝes pa, *Mahāvyutpatti* 2937）を「知足」と漢訳していることがある。さらに saṃlekha（質素）を、真諦三蔵はやはり「知足」と訳している。

このように訳したのは、老子の理想に一致するものがあったからであろう。

「自勝者強、知レ足者富[2]」

この理想が日本に受け入れられ、自分のもち分に満足し、安んじて、欲ばらないことが理想とされた。

古来の由緒ある庭園には「知足石」があるが、朝鮮にもあるので、その源泉はおそらくシナに由来するのであろう。

昔から「石庭」で名高い京都の竜安寺（禅宗）の方丈裏にある清雅な内庭の一隅に、水戸光圀寄進の蹲《そん》石があるが、これに刻まれた「吾れ唯足ることを知る」の一文をすべて一劃の字体に組み合わせた、まことに興味深い造形が知られている。中国の孔子の言葉に「足ることを知る者は心安らかなり」とあるのに由来すると言われている。

日本の仏教徒一般では、むしろ『遺教経《ゆいきょうぎょう》』の文句が知られている。

「少欲」については、

「まさに知るべし、

多欲の人は利を求むること多きがゆえに苦悩もまた多し。

少欲の人は無求無欲なればすなわちこの患《うれ》いなし。

ただに少欲すらなおまさに修習すべし。

いかにいわんや少欲のよくもろもろの善き功徳を生ずるをや(3)」

と言い、「知足」については、

「もしもろもろの苦悩を脱せんと欲せば、まさに知足を観ずべし。知足の法は、すなわち是れ富《ふ》楽安穏《らくあんのん》の処《ところ》なり。知足の人は地上に臥すといえども、なお安楽なりとす。不知足の者は天堂に処《しょ》すといえども、また意《こころ》に称《かな》わず。不知足の者は富めりといえども、しかも貧し。知足の人は貧しといえども、しかも富めり。不知足の者は常に五欲のために牽《ひ》かれて知足の者に憐愍《れんみん》せらる。これを知足と名《な》づく(4)」

と説いている。『遺教経』は、漢民族の作成したものであろうと考えられているが、おそらく「執著を離れよ」と端的に説くインド人一般の考えが非現実的・空想的であると考えて、漢民族が現実生活に適合するような仕方で説いたのであろう。右の『遺教経』の教えは、出家修行者に対してのみならず、世俗の在家の人々にも適合するものである。

(1)　*Sn.* 144.
(2)　『老子』三三。
(3)　『遺教経』大正蔵、一二巻一一一一中。
(4)　『遺教経』大正蔵、一二巻一一一一下。

4　人間のいのち

苦悩を克服する道があるということに気がつくと、いま生きている人に生命があるというのは、「ありがたいこと」である。そうして、人間であるがゆえに、真理にめざめるということも可能であり、これもありがたいことである。

「人間の身を受けることは難しい。死すべき人々に寿命があるのも難しい。正しい教えを聞くのも難しい。もろもろのみ仏の出現したもうことも難しい(1)」

地球の上には無数の生物がいる。どんな生物に生まれるかということは、因縁のいたすところであり、そのなかで人間に生まれるということは、きわめて難しいことであり、「ありがたい」

のである。その人間として生まれてきたことに感謝しよう。これは、人間たちが、人間たちとして、お互いに感ずることなのである。ここに、われわれが「いのちある者」として今日に生きる運命に感謝することができる。

「ありがたし」という自覚が、「存在しがたい」「稀有」という事実認識から、感謝の自覚へと発展する道筋が、ここによく認められる。「ありがたし」という語が、このような発展ないし転換の構造を示していることは、日本語だけの特徴かもしれないが、この構造そのものは、いかなる民族であろうと、人間存在そのものにとって本質的なものであろう。

「難有」という表現は、稀に仏典に出てくる。例えば、

「仏を衆祐と号す。世に出興したもうに五つのありがたき自然の法あり[2]」

というもの。ここでは五つのことがらを「ありがたし」といって詳しく説明しているが、この場合は「存在しがたい」「稀有の」という意味である。

「サンキュウ」ということを表現するのに、中国人は「謝謝」と言う。韓国人は「カンサ（感謝）ハムニダ」と言い、ベトナム人は「カムオン（感恩）」と言う。だから「ありがとうございます」という表現は、どうも日本人特有のようである。

（1） *Dhp.* 183.

（2）『般泥洹経』大正蔵、一巻一七九下、中村『遊行経』上二六七ページ。

四　生きる

1　反省のこころ

感謝のこころは、自己に対する反省と一体になっているものである。反省して、自分が至らぬものであるということに気づくと、他人から受けた恩のありがたさがしみじみと感ぜられ、感謝の気持ちでいっぱいになる。

だから、まず自ら省みるということが必要である。

「他人の過失は見やすいけれども、自分の過失は見がたい。人は他人の過失を籾殻のように吹き散らす。しかし、この人も自分の過失は隠してしまう。——狡猾な賭博師が不利な骰子《さいころ》の目を隠してしまうように」(1)

他人の過失を言いふらしたりなどするのは、みっともないことである。ひとえに自分自身のことを反省せよ。

「他人の過失を見るなかれ。他人のしたこととしなかったことを見るな。ただ、自分のしたこととしなかったことだけを見よ」(2)

反省のない人々はとかく傲慢になり、他人を軽視しがちになる。なんとなれば他人は相手であるわたくしの長所美点を称揚して、わたくしの短所欠点を面と向かって言わないからである。しかし反省のある人は、まず自分が愚者であるということに気づく。反省のない人は傍若無人となるが、反省のある人はどうしても他人に対してひかえ目になる。

「恥を知らず、烏《からす》のように厚かましく、図々しく、人を責め、大胆で、心のよごれた者《ひと》は、生活しやすい。

恥を知り、常に清きをもとめ、執著をはなれ、慎み深く、真理を見て清く暮らす者《ひと》は、生活しがたい(3)」

人はなかなか気づかないが、自分の愚であることを知る必要があろう。

「もしも愚者がみずから愚であると考えれば、すなわち賢者である。愚者でありながら、しかもみずから賢者だと思う者こそ、『愚者』だと言われる(4)」

自己の愚を知った人こそ真の賢者なのである。そうして理想の修行者のすがたを讃嘆して言う。

「身の装いはどうあろうとも、行ない静かに、心おさまり、身をととのえて、慎み深く、行ない正しく、生きとし生けるものに対して暴力を用いない人こそ、〈バラモン〉とも、〈道の人〉とも、また〈托鉢遍歴僧〉ともいうべきである(5)」

人がいかに立派な人と付き合い、親しくしていても、学ぼうという心持ちがなければ、その親交は無意味になってしまう。

「愚かな者は、生涯賢者につかえても、真理を知ることがない。――匙が汁の味を知ることができないように(6)」

「恥を知る」ということは、わが国では武士道の根幹として尊ばれてきたし、日本では一般民衆のあいだで恥の観念が強いようである。西洋でも、アウグスティヌスは恥にかんする深い哲学的考察を述べている。

原始仏教の思想においても、恥の観念は重要な位置を占めている。

「恥じなくてよいことを恥じ、恥ずべきことを恥じない人々は、邪まな見解をいだいて、悪いところ（＝地獄）におもむく[7]」

恥じるべきことと、恥じるべからざることとを峻別せよ、と言うのである。

人間は、どうしても自分をかばいたくなる。恥ずべきことでも、なにかの理由をつけて正当化しようとする。

しかし、恥ずべきことであったならば、それを正直に認めて、そのうえで、ではどうしたらよいか、ということを考えるべきではなかろうか。

（1） *Udv.* II VII, 1. *Dhp.* 252 参照。
（2） *Dhp.* 50.
（3） *Dhp.* 244-245.
（4） *Dhp.* 63.
（5） *Dhp.* 142.
（6） *Dhp.* 64.
（7） *Dhp.* 316.

2　理法に従う

人間はだれでも死にたくないと願っている。しかし人間の身体がいつかは滅び、壊れ、朽ちてしまうのは避けがたい運命である。

では、われわれはどうしたらよいのか？　それは「良く生きる」ことを目指すことであろう。「良く生きること」――それは〈不死の境地〉と呼ばれている。

「不死《しなない》の境地を見ないで百年生きるよりも、不死の境地を見て一日生きることのほうがすぐれている」(1)

不死の境地をパーリ語で amataṃ padaṃ というが、漢訳『法句経』述千品には「甘露道」と訳している。古代インドでは甘露の汁液を amata（＝skt. amṛta）と呼んだので、ここでは「甘露」と訳したのであろう。しかし原文ではそれを「飲む」とは言わないで、それを「見る」というから、amata はやはり「不死」という意味である。

「不死の境地」というのは、実践的には争いのない平和の状態である。殺されることがないから死ぬこともない。

それをつきつめて考えると、人間としての道を自覚しないで百年生きるよりも、たった一日でもよいから、人間としての理法に従って生きたいものだというのである。

じつに人間としての理法に従って毎日を過ごすということの中に生き甲斐がある。

「正しい方法による損失もあり、不正な方法による利得もある。不正な方法による利得よりも、正しい方法による損失のほうがすぐれている〔2〕」

人間として、みごとに生きるというのは、人間としての理法に従って生きるということである。

「不法なことをして生活することもあり、また法をまもって死ぬこともある。不法なことをして生活するよりは、法をまもって死ぬことのほうがすぐれている〔3〕」

「真理が正しく説かれたときに、真理に従う人々は、渡りがたい死の領域を超えて、彼岸《かなたのきし》に至るであろう〔4〕」

註解者ブッダゴーサは「死の領域」とは煩悩の魔である死王の領域をいう、と解している。真理に従い、真理を守って、一日一日をくらして行くならば、それは死を超えることなのである。

ブッダゴーサの伝えている伝説によると、カッサパ仏のなくなった後で、カピラという人が仏法において出家したが、三蔵に通じていたけれども傲慢で、邪説を唱え、他人をそしったので、アヴィーチ地獄に生まれ、ついで、アチラヴァティー川で大きな金色の魚となり、捕えられ、死んで地獄に行った物語に因んで、ブッダが次の「理法にかなった行ない」(Dhammacariya-sutta) という教えを説かれたという。

ブッダゴーサによると、「理法にかなった行ない」とは身、口、意の善行であると解した。これは世俗的 (lokiya) な善行であると解する。すなわち、世間の人々から一般に善い行ないと見なされていることをするならば、それは理法にかなった行ないであり、仏の勧めたもうところのものである。

のである。

「理法にかなった行ない、清らかな行ない、これが最上の宝であるという」(5)

ここで「清らかな行ない」というのは出世間（lokuttara）の善行であるとブッダゴーサは解する。だから、ここに述べられている教えは、在家者と出家者との両方に、ともに向けられたものである。

「たとい在家から出て家なきに入り、出家の身となったとしても、

もしもかれが荒々しいことばを語り、他人を苦しめ悩ますことを好み、獣〔のごとく〕であるならば、その人の生活はさらに悪いものとなり、自分の塵汚《ちりけが》れを増す」(6)

最初期の仏教においては、「出家」とは文字どおり、家から出て家の中には住まぬことであったらしい。「家から出て家なきに至る」という句は、古い仏典に現われてくるが、「家なき」というのは「農耕・牧畜などを行なわぬことである」と註解されている。ここで「家」（agāra）という語は、家柄・家系・家庭の意味ではなくて「家屋」「建物としての家」の意味に用いられるのがインド一般の通例である。原始仏教および原始ジャイナ教の古い経典では修行者を「家なき人」（anāgāra）と呼んでいる。古い仏典を見ても、修行者は少なくとも一年のうちのある時期には実際に家の中に住まなかったらしい。出家したあとのゴータマは一時王舎城のパンダヴァ山の山窟の中に坐していた。そうしてこのような生活が実際に修行者たちに勧められている。

「争論を楽しみ、迷妄《めいもう》の性質に蔽われている修行僧は、目ざめた人（ブッダ）の説きたもうた理法を、説明されても理解しない。

かれは無明に誘《いざな》われて、修養をつんだ他の人を苦しめ悩まし、煩悩が地獄におもむく道である

ことを知らない(7)」

「真理を楽しみ、真理を喜び、真理に安住し、真理の定めを知り、真理をそこなうことばを口にするな。みごとに説かれた真実にもとづいてくらせ(8)」

ここで「真理」の原語は dhamma である。したがって右の詩句の始めの部分は、次のように訳すこともできる。

「法を楽しみ、法を喜び、法に安住し、法に関する決定を知っている」

ここでいう「法」とは、単に法律のことではなくて、もっと根本的な、広い意味のものである。


理法の普遍性について、次のような注目すべき対話がなされている(9)。

「あるとき尊師は、ウジュンニャー国のうちのカンナカッタラという〈鹿の国〉にとどまっておられた。そのときに裸形の行者であるカッサパが尊き師のもとに近づいた。そうして次のような質問をした。

『きみゴータマよ、わたしはこういうことを聞きました――〈修行者ゴータマは、すべての苦行を非難する。弊衣の汚らしい生活をしている苦行者すべてを絶対的に罵り、誹《そし》る〉と。きみゴータマよ。〈修行者ゴータマはすべての苦行を非難する。弊衣の汚らしい生活をしている苦行者すべてを絶対的に罵り、誹る〉と、このように言う人々は、きみゴータマの言ったことを忠実に伝えているのでしょうか？　また、尊き方ゴータマを、無実なことで〔誤って〕誹謗しているのではないでしょうか？　真理に従って説明しているのでしょうか？　また、その噂を伝えている仲間の実践者は、非難さるべきことになるのではないでしょうか？　われわれはゴータマさまを〔誤って〕誹謗したくないのです』」

漢訳文は、趣意は大体パーリ文と同じであるが、質問を発したのは「倮形梵志」つまり裸で修行していたバラモンとなっているし、また苦行のみならずバラモンたちの行なう祭礼をも非難したことになっている。(10)おそらく漢訳文の原典は、バラモン教の影響支配の強い精神的雰囲気のうちでまとめられたから、そのためなのであろう。

「これに対して釈尊は答えた――

『カッサパよ、〈修行者ゴータマは、すべての苦行を非難する。弊衣の汚らしい生活をしている苦行者すべてを絶対的に罵り、誹る〉と語る人々は、わたしの言ったことを忠実に伝えているのではありません。わたしを無実なことで誤って誹謗しているのです』と」

次にゴータマ・ブッダは、当時の苦行者でも死後に天の世界に生まれたもののいることを〈天の眼〉をもって見ているのだから、自分がかれらを非難するはずはない、と断言している。そして次のような原則を述べている。

「カッサパよ。賢明で明敏であり、論争に巧みであり、弓術家が毛髪を射るように、じつに智慧によって執見を破り摧いている修行者、バラモンたちが存在している。かれらとわたしとのあいだでは、あることがらについては一致し、あることがらについては一致しない。かれらが『善い』と語るあることがらを、われらもまた『善い』と語るであろう。かれらが『善くない』と語るあることがらを、われらもまた『善くない』と語るであろう。かれらが『善い』と語るあることがらを、われらは『善くない』と語るであろう。かれらが『善くない』と語るあることがらを、われらは『善い』と語るであろう。

われらが『善い』と語るであろうあることがらを、他の人々もまた『善い』と語るであろう。われらが『善くない』と語るであろうあることがらを、他の人々もまた『善くない』と語るであろう。われらが『善い』と語るであろうあることがらを、他の人々は『善くない』と語るであろう。われらが『善くない』と語るであろうあることがらを、かれらは『善い』と語るであろう」

このように、見解の相違の起こりうることを認めたうえで、その実践的意義について言う――

「われは、かれらのもとに近づいて、このように言う――『見解が一致しないことがらについては、それらのことがらを捨てておこう』『そのままにしておけ』と」

「捨てておく」というのは、「そのままにしておけ」ということである。

釈尊の説く教え、〈法〉なるものは、他の諸宗教の説くところと同じものと、同じでないものとがある。「わたしは、同じものは、これを取り、同じでないものは、捨てておく」というのである。他の諸宗教の実践が自分の教えと異なっているからといって、積極的に力でもって撃滅するのではない。ただ「捨てておく」のである。

この立場はつまり、是はこれを是とし、非はこれを非とするというわけなのである。

だから他の諸宗教の行なっていることを、十把ひとからげにして非難することはしないのである。

ここに寛容の精神が成立する。諸宗教の理解、協力のための基盤が提供される。

(1) *Dhp*. 114.
(2) *Therag*. 666.
(3) *Therag*. 670.
(4) *Dhp*. 86.
(5) *Sn*. 274.
(6) *Sn*. 274–275.
(7) *Sn*. 276–277.
(8) *Sn*. 327.
(9) *DN*. I, p. 161;『長阿含経』第一六巻、倮形梵志経、大正蔵、一巻一〇二以下。
(10) 呵二責一切諸祭礼法一、罵二諸苦行人一。

3 道を教える人

原始仏教聖典の説くところによると、釈尊は、道を教え示した人にすぎない。

あるとき釈尊はサーヴァッティー市の東園にある鹿母講堂に住んでいた。そのとき算数家モッガラーナ（Gaṇaka-Moggallāna）というバラモンが釈尊を訪ねてきて、質問を発した。(1)

「ゴータマさんの弟子たちは、ゴータマさんにこのように教えられ、このように諭されて、これらすべての人々が、究極の帰趨であるニルヴァーナを達成するのでしょうか？　あるいは、ある人々は達成することができないのでしょうか？」

この質問に対して釈尊は答えた。

「バラモンよ。わたしの弟子たちのうちのある人々は、このように教えられ、このように諭されて、究極の帰趨であるニルヴァーナを達成する。しかし、ある人々は達成しないのである」

そのように異なった結果が現われるのはなぜか、というバラモンの質問に対して、釈尊は反問して言う、――

「バラモンよ。あなたは王舎城へ行く道をよく知っていますか？」

バラモンは答えた、――

「そうです。わたくしは王舎城へ行く道をよく知っています」

そこで釈尊は譬え話を持ち出す。第一の人に道を教えた場合に、教えられたとおりに行かないで、まちがった方向に行ってしまうことがある。しかし第二の人に同じように道を教えたところが、この人は王舎城に安全に達することができたとしよう。この場合に、バラモンは、第一の人が道をまちがえたことについての責任はない。このバラモンは、ただ「道を教える人」（magga-kkhyāyin）であったにすぎない。

「バラモンよ。〔王舎城という都市が実際に存在するように〕そのようにニルヴァーナは存在し、ニルヴァーナにおもむく道も存在し、教え導く人であるわたしもまた存在する。しかもわたしの弟子たちは、わたしにこのように教えられ、このように諭されているのに、ある者どもは究極の帰趨であるニルヴァーナを達成し、ある者どもは達成しない。これについて、わたしはどうしたらよいであろうか？　如来はただ〝道を教える人〟にすぎない」

釈尊は神秘的な霊感をもった人ではない。呪術者ではなかった。ただ道を教えた人なのである。

釈尊は最後の旅において、「自分は指導者ではない」と、はっきり明言している。

「アーナンダよ。修行僧たちはわたくしに何を期待するのであるか？　わたくしは内外の隔てなしに〔ことごとく〕理法を説いた。まったき人の教えには、何ものかを弟子に隠すような教師の握り拳《こぶし》は、存在しない。『わたくしは修行僧のなかまを導くであろう』とか、あるいは『修行僧のなかまはわたくしに頼っている』と、このように思う者こそ、修行僧のつどいに関して何ごとかを語るであろう。しかし向上につとめた人は『わたくしは修行僧のなかまを導くであろう』とか、あるいは『修行僧のなかまはわたくしに頼っている』とか思うことがない。向上につとめた人は修行僧のつどいに関して何を語るであろうか(2)」

この告白は、親鸞聖人の「親鸞は弟子一人もたず候ふ」（『歎異抄』）という心境に通ずるものがあると言えるであろう。

あるとき釈尊は王舎城の竹林精舎におられた。そのときヴァッカリ（Vakkali）長老は陶工の家に住んでいたが、病いで困苦し、重患であり、死期が迫っていた。ヴァッカリは「自分が死ぬ前に、一度釈尊にお目にかかりたい」と言った。かれの侍者たちは、この旨を釈尊に告げた(3)。

釈尊はこの懇請を受けて、ヴァッカリを見舞った。

「ヴァッカリ尊者は、尊き師（釈尊）が遠くからやってこられるのを見た。見たので、寝台の上に起きた。

そこで、尊き師は、ヴァッカリ尊者にこのように言われた。――『止めなさい。ヴァッカリよ。そなたは寝台から起きなさるな。ここに座席が設けられています。わたしはここに腰かけましょう』と。尊き師は設けられた座席に腰を下ろした」

見舞いにこられて再見したときの状況が、目に見えるようである。

「ヴァッカリは言う、――

『尊い方よ。わたしは尊師にお目にかかるために、おそばにまいりたいと長いあいだ希望しておりました。しかし、尊師にお目にかかりに行けるだけの体力が、もうわたしの体のなかには残っておりません』」

これに対して釈尊は、はっきりと明言した。

「ヴァッカリよ、もうそんなことはいいなさるな。やがては腐敗して朽ちてしまうわたくしのこの肉身を見たとて、なんになりましょう。ものごとの理法（ダルマ）を見る人は、わたくしを見るのです。またわたくしを見る人は、ものごとの理法を見るのです。じつに、ものごとの理法を見ている人は、わたくしを見ているのであり、わたくしを見ている人は、ものごとの理法を見ているのです」

理論はこれだけに尽きる。しかし、脆い、死すべき人間として、お互いに慰め合う、――ここに美しい心情が見られる。

（1）*MN*. III, p. 4.

（2）*MPS*. II, 25 ; *DN*. II, p. 100.

（3）以下の話は *SN*. III, pp. 119-124 ;『雑阿含経』第四七巻（大正蔵、二巻三四六中―三四七中）、『増一阿含経』第一九巻（大正蔵、二巻六四二中―六四三上）に出ている。

第三章　智慧のことば

一　やすらぎを求める

1　財産とは

人間は、裸のままでは生きていけない。何らかの意味で、人間のつくり出した道具を必要とする。まず衣服を必要とする。つづいて寝る所、休息の所として家屋を必要とするに至った。それらは、ある意味で財産である。さらに、人間が多く住み、文明が高度に発達した地域では、土地が重要な財産となる。砂漠では土地の所有権はほとんど問題にならないが、大都会では一坪の土地でも大変な財産である。

そこで、人間は財産をほしがる。しかし、財産は何のために必要なのであろうか？　聡明な智慧をもっている人にとっては、財産は生きている。しかし、智慧をもたぬ人にとっては、財産はただ浪費するための物体にすぎない。

「智慧ある人は、たとい財産を失っても、生きていける。しかし智慧をもっていなければ、たとい財産のある人でも、〔じつは〕生きてはいないのである(1)」

「財産をもっていても、その人は生きていない」。つまり、その人は死んでいるのである。ずいぶん手きびしいことばではないか。

これは貧乏人のひがみではない。実際そのとおりではないか。

たとえば、技能を身につけている人は、その方面について、その領域について智慧をもっている人である。どのようにすればよい結果が得られるか、ということを知っている。そういう人は、火事に遭うとか盗難に遭うとかで、一時財産を失うことがあっても、また損失を補うことができる。だから「生きていける」のである。この人は働いて財産を得たのであるから、財産の意義を知り、財産をどのようにして生かして使うことができるかということを知っている。

ところが、何かのまぐれで、偶然に莫大な財産を手にした人は、その財産の意義を知らない。だから、その人の肉体は生きているかもしれないが、財産の所有者としては死んでいるのである。

「智慧は、聞いたことを考えて見分ける。智慧は、名誉と名声とを増大する。智慧のある人は、この世でもろもろの苦しみの中にいても、楽しみを見出す(2)」

その智慧は、多年の努力と経験によって得られたものであるから、物事についての見分けがつく。

その見分け、分別というものは、その当人を社会人としても確立させるものである。世の人々の幸せをもたらすものである。だから「智慧は名誉と名声を増大する」というのである。

そうして物事を見究めるならば、不平を言ったり、愚痴をこぼすということもなくなる。自分にはこれこれの苦しみがあるが、そのわけはどうなのか、これこれのことが原因になっているのではないか、と見究めると、無意味に不運をかこつということもなくなる。

「あきらめる」という語があるが、それは明らめることである。そうすれば、「この世でもろもろの苦しみの中にいても、楽しみを見出す」。いかに不運な人にも、太陽と空気は平等に恩恵をもたらす。

われわれは冷静に、落ち着いて生きていこう。じたばたする必要はない。

「耳であらゆることを聞き、眼であらゆることを見る。思慮ある人は、見たこと、聞いたことをすべて斥けてはならない[3]」

自分でわめいてみてもしかたがない。すべて眼に見えない大きな力に動かされているのである。われわれを支えてくれる、奥にあるものに安住しようではないか。

（1）*Therag.* 499；550.

（2）*Therag.* 551.

（3）*Therag.* 500.

2 生きる理法の柔軟性

われわれが生きてゆくためには、人間の理法を自覚し、その自覚のもとに生きてゆくのであるが、その理法は、固定したものであってはならない。人間の生とともに発展する柔軟なものである。

すべては移り行くということの認識にもとづいて、現実に即した柔軟性に富んだ実践原理が成立するのである。

「古いものを、喜んではならない。また新しいものに、魅惑されてはならない。滅びゆくものを、悲しんではならない。牽引するもの（妄執）に、とらわれてはならない(1)」

人生の指針として、こんなすばらしいことばが、またとあるだろうか！

総じて、人間の習性であろうが、年老いた者は昔を懐かしみ、昔あったものを、なんでも良いものだと思う。他方、若い人はなんでも新奇なものにひきつけられ、古いものを破壊しようとする。この二つの傾向は、互いに矛盾し抗争する。これは、いつの時代でも同じことである。

最初期の仏教における右の詩句は、明言しているわけではないが、おそらくこういうことに言及しているのであろう。

どちらの傾向も偏っていて、一面的であると言わねばならぬ。もしも昔のもの、古いものをことごとく是認するならば、進歩や発展はありえないであろう。だから「古いものを、喜んではならない」「滅びゆくものを、悲しんではならない(2)」のである。

また、もしもすべて過去のものを否認し破壊するならば、人間の文化そのものがありえないであろう。文明は過去からの人間の努力の蓄積の上に成立するものであるからである。だから「新しいものに魅惑されてはならない」のである。新しいというだけで飛びついてはならぬ。

人間は、どうかすると、人間の根底にひそむ、目にみえぬ、どす黒いものに動かされて、衝動的に行動することがある。だがそれは、進路をあやまり、破滅のもとになるから、「牽引する者(妄執)に、とらわれてはならない」のである。

「牽引する者」(ākāsa)とは、「渇き」(taṇhā)すなわち、のどが渇いているときには水を飲みたくてしようがない衝動にかられるように、人間の奥にあって、人間を引きずって行くものである。

では、過去に対して、「どちらにも偏っていない中道をとるのだ」といって、両者の中間をとるならば、それは単に両者を合して希薄にしただけにすぎないのであって、力のないものになってしまう。

転換期に当たって、ある点にかんして古いものを残すか、あるいはそれを廃止して新しいものを採用するか、という決断に迫られるのであるが、その際には、その決断は一定の原理に従ってなされねばならぬ。

その原理は、人間のためをはかり、人間を高貴たらしめるものでなければならぬ。それを仏典では(サンスクリット語で)「アルタ」(artha)と呼び、漢訳では「義」とか「利」とか訳しているが、邦語でいえば「ため」とでも言いうるであろう。それは「人のため」であり、それが同時に高い意味で「わがため」になるのである。それは人間に最高目的を達成せしめるものでなければならぬ。

それは人間のよりどころであり、人間を人間のあるべきすがたに保つものであるという意味で、仏教ではそれを「法」（ダルマ）と呼んだ。

仏はその〈法〉を見た人であり、仏の教えはその〈法〉を明らかにするものである（だから「仏法」ともいう）。その法は、民族や時代の差を超え、さらに諸宗教の区別をも超えて、実現さるべきものなのである。

（1）*Sn.* 944.

（2）原文では「捨てられてゆくものを（hīyamāne）悲しんではならない」となっているが、ブッダゴーサの註解に「滅びゆくものを」（vinassamāne）とあるのに従って訳した。

3　中　道

この柔軟な真実の実践を〈中道〉と呼ぶ。「中」という漢字は「あたる」とも読む。最も適切な、真実に該当する実践という意味である。どうかすると世間では「中道」というと、どっちつかず、とか、両者を足して二で割る、という意味に解せられるおそれがあるが、けっしてそういう意味ではない。

「道の人よ、道を学ぶ者が実践してはならない二つの極端がある。その二つとは何であるか？一つはもろもろの欲望において欲楽に耽り、下劣・野卑で凡愚の行ないであり、高尚ならず、ためにならぬものである。他は、みずから身体を苛むことに耽り、苦しみであって、高尚ならず、ためにならぬものである。『人格を完成した人』は、この両極端に近づかないで中道をはっきりとさとったのである。それは見る眼を生じ、理解を生じ、心のやすらぎ・すぐれた智慧・正しいさとり・ニルヴァーナに向かうものである」(1)

ここで「人格を完成した人」と訳した tathāgata とは、「このように行なった人」「向上に努めた立派な人」という意味であり、それを後代の漢訳仏典では「如来」と訳している。

ゴータマ・ブッダは出家して修行者となってから、まずアーラーラ・カーラーマとウッダカ・ラーマプッタという二人の仙人を順次にたずねて、かれらの体験した禅定を修した。それは静坐して精神統一を行ない、その功徳によって天に生まれようとするものであったといわれている。

しかし、かれはその修行法に満足しえなかった。かれのめざす究極のさとりがえられなかった。そこで次に山林にこもって六年間苦行を修した。その結果、かれの身体はやせおとろえて、色は死灰のようになったが、最高の認識をうることができなかった。

かれはついに苦行は真実の道ではないことを知って、一少女のささげた乳糜（ミルクがゆ）をのみ、川で身をあらいきよめ、苦行をすててしまったと伝えられている。気力を回復してから、かれはブッダガヤーというところへ行き、そこにある一本の菩提樹のもとに静坐して瞑想し、ついにさとりをひらいて、ブッダすなわち覚者となった。ときにかれは三五歳であった。

かれがさとりをひらくまでの経過をみるに、はじめのうちは王族の家に長子として生まれ、当時としては安楽快適な生活に耽り、種々の快楽に耽ったのである。ところがその生活に嫌悪を感じ、出家して修行者となり、とくに苦行に長いあいだ専念してしまったが、それも無意味であると知って捨ててしまった。だから快楽と苦行という二つの極端な生活のうちのどちらにもとらわれず、中道の立場にたったのであると解せられている。

それからかれは古来宗教的な聖地であったベナレスに行って、郊外の鹿野苑《ろくやおん》でかつての苦行時代の友人五人に教えを説いて感化した。「鹿の園」と呼ばれるところが、いまでもベナレスの郊外にあり、美しい芝生がひろがっているが、昔はそこに鹿がいたのであろう。いまはそこに寺院が建てられ、なかの壁画は日本の野生司香雪画伯が筆をとられたものであり、釈尊の生涯が描かれている。そののちかれは八〇歳でなくなるまでの四五年間に、ガンジス川流域の中インド各地を周遊し、教化に余念がなかった。

雨期には一個所に定住して弟子たちとともに修養生活をおくっていたが、その他の時期には各地におもむいて、あらゆる人々に道を説いた。そのためにその教団は急速度に増大していった。

「中道」とは、「ちょうど適当な」という意味であることは、次の教えによっても知られる。ソーナ（Sona）長老は述懐していう、——

「わたしが過度の精励努力を行なったとき、世の中における無上の師、眼《まなこ》あるかたは、琴の譬え〔弦を強く張りすぎることもなく、緩めすぎることもないようにとの教え〕を用いて、わたしに理法を説いてくださった(2)」

「釈尊がソーナに教えて言った。

『ソーナよ。なんじはどう思うか？　もしもなんじの琴の弦が張りすぎていたならば、そのとき琴は音声こころよく、妙なるひびきを発するであろうか？』

『尊い方よ。そうではありません』

『なんじはどう思うか？　もしもなんじの琴の弦が緩やかすぎたならば、そのとき琴は音声こころよく、妙なるひびきを発するであろうか？』

『そうではありません』

『なんじはどう思うか？　もしもなんじの琴の弦が張りすぎてもいないし、緩やかすぎてもいないで、平等な〔正しい〕度合いをたもっているならば、そのとき琴は音声こころよく、妙なるひびきを発するであろうか？』

『さようでございます』

『それと同様に、あまりに緊張して努力しすぎるならば、心が昂ることになり、また努力しないであまりにもだらけているならば、怠惰となる。それゆえになんじは平等な〔釣り合いのとれた〕努力をせよ。もろもろの器官の平等なありさまに達せよ』(3)

ここで譬喩としてもちだされているのは、琴の弦の張り方がちょうど調和のとれていることである。実践における〈中道〉はまた〈調和〉と相通ずるものがあった。

「和をもって尊しとなす」というのは、もと『論語』において音楽における調和に言及したものであったが、聖徳太子によって人間関係における〈和〉として説かれるようになったといわれている。いずれにしても、釣り合いのとれていること、調和は中道の思想に対応しているものである。

やがて教理をまとめて説く時期になると、ある場合には、多くの誤った見解を、有に執著する見解と無に執著する見解との二つに要約していることもある。

「カッチャーヤナよ。この世の人々は多くは有（atthitā）と無（natthitā）との二つにとらわれている。

正しい智慧によって、この世の生起（lokasamudaya）をあるがままに観じている人にとっては、この世のことに関して〈無〉であると執することは存在しない。また正しい智慧によって、この世の止滅（lokanirodha）をあるがままに観じている人にとっては、この世のことに関して〈有〉であると執することは存在しない。

この世の人々はたいてい手段に執著し、かかずらい、とらわれている。だから〔仏教の修行者は〕手段に執著すること、心の固執、執著、こだわりにおもむかず、依拠することなく、〈われに我（アートマン）が存在しない〉と固執することがない。

生じつつある苦しみが生じ、滅しつつある苦しみが滅し、〔そのありさまを観じて〕惑わず、疑わず、他によって知ることなきがゆえに、そのときかれに智が生ずるのである。〈正しい見解〉とはじつにこのようなものである。

〈一切はある〉（sabbaṃ atthi）というこの説は一つの極端説である。〈一切はない〉（sabbaṃ natthi）というこの説は第二の極端説である。人格を完成した人（如来）はこの両極端説を受けることなく、中（majjha＝中道）によって教えを説く」(4)

世界や霊魂などが「ある。なきに非ず」ということは、すでにジャイナ教で主張されていたが、仏教はそれに対してこのように主張したのであると考えられるが、対立する二つの説のどちらにもくみしないから、中道といわれるのである。

ところで中道とはじつは縁起のことにほかならない。

何か固定した実体が実在すると考えるならば、それが「ある」とか「ない」とかいって、見解が分かれるであろう。しかし、いかなるものも無数に多くの原因や条件によって成立したものである（――縁起――）と考えるならば、「ある」とか「ない」とかいう判断を一方的に固執することはなくなるであろう。

対立する二つのものにとらわれない、という立場は、次の覚悟のうちにも表明されている。初期の仏教の修行者はつよい自信をもっていた。

「この世において死も生も存しない者、――かれは何を怖れよう、何を欲しよう」[5]

（1） SN. V, p. 421.
（2） *Therag*. 638.
（3） *Vinaya*, Mahāvagga, I, pp. 182-183.
（4） SN. II, p. 17.
（5） *Sn*. 902.

二　身を修める

1　学　ぶ

ところで、事情の変化に応じて最も適切な実践をするというのであれば、それが可能であるように、絶えず学ぶということが必要となる。

まず〈学ぶ〉という心がけが必要である。

「聞こうと欲するならば、聞いたこと（学識）を増大する。聞いたこと（学識）は、智慧を増大する。智慧によって道理を知る。道理を知ったならば、楽しみをもたらす」(1)

学ぶことの楽しみを、じつに適切に言いあてているではないか。

学ぶべきことがらは無数にあるが、とくに身を修めることを学ぶのが、一番困難なことであり、また最も大切である。

シーハー尼は昔を回想して言う。

「正しく思惟しなかったために、欲情に悩まされ、わたしは、以前には浮ついていて、心を制することができませんでした。

煩悩にとりつかれ、快楽に想いを馳せ、欲情に支配されていて、私は心の平静を得ることができませんでした。

痩せて、青ざめ、醜くなって、わたしは七年間、遍歴しました。いとも苦しみ、昼も夜も、安楽を得ることはできませんでした。

そこで、わたしは、縄を手にして、林の中に入って行きました、――『卑しいことをさらに続けて行なうよりは、わたしはここで首を縊ったほうがよい』と思って。

強靱な吊り縄をつくって、樹の枝に縛りつけ、わたしはその縄を首のまわりに投げかけました。そのとき、わたしの心は解脱しました[2]」

ミッタカーリー尼は言う。

「固体を構成している〔五つの〕構成要素の生じまた滅び行くさまを、あるがままに観察して、わたしは、心が解脱して、立ち上がりました。ブッダの教え〔の実行〕は、なしとげられました[3]」

われわれの経験でも思いあたることであるが、心が激しく動いて、くしゃくしゃしているときには、いわゆる勉強もできない。やはり心を落ち着けることが必要である。精神の集中ということは、日常生活においても、実現されねばならない。

「じつに心が統一された〔ヨーガ〕ならば、豊かな智慧が生じる。心が統一されないならば、豊かな智慧が滅びる。生ずることと滅びることとのこの二種の道を知って、豊かな智慧が生ずるように自己をととのえよ[4]」

この句から見ると、原始仏教もヨーガを認めていたのである。ヨーガとは「結びつける」という意味で、心を散乱させないように一つの対象に結びつけることである。しかしそれは後代の曲芸のようなハタ・ヨーガとは当然異なったものであった。ここでいう「ヨーガ」は訳しにくいが、「ひたごころ」と邦訳している学者もある。

それは思いを静めることでもある。

「この心は以前には、望むがままに、欲するがままに、快きがままに、さすらっていた。いまやわたくしはその心をすっかり抑制しよう、――象使いが鉤《かぎ》をもって、発情期に狂う象をまったくおさえつけるように(5)」

「発情期に狂う象」といっているように、象は交尾期になると性質が凶暴になり、あたかも酔っているかのごとくになるから、この時期における象を「酔象」と名づける。それをおさえつけるような勇猛心と勉励とが必要となるのである。

「明らかな智慧を武器とし、瞑想による力をそなえ、心が統一し、瞑想を楽しみ、気をつけている人は、世の中の興亡盛衰をさとって、智を具現した人として、あらゆることがらから解脱する(6)」

心が落ち着いて、世の中を見究めていること、――それが解脱なのである。

（1） *Therag*. 141.
（2） *Therig*. 77-81.
（3） *Therig*. 96.
（4） *Dhp*. 282.
（5） *Dhp*. 326.
（6） *Udv*. XII, 19.

2　はげみ

真実を学び、身を修めるためには、相当の努力がいる。ただ身を持ちくずしているのであっては、めざす境地に達することができない。

原始仏教時代のダーサカ長老は、なかなか手きびしいことを言う。

「大食らいをして、眠りを好み、ころげまわって寝て、まどろんでいる愚鈍な人は、糧《かて》を食べて肥る大きな豚のようである。くりかえし母胎に入って〔迷いの生存をつづける〕(1)」

糧を食べて肥った大きな豚——それは、現代人のことをあてこすっているようにさえ思われるではないか。

「身体を〔動かすのを〕惜しんで、もの倦く思い、ただ肉体の快楽を貪るものには、どこから〈道の人〉の快《こころよ》さが起こるであろうか？　——〔身体が刻々に〕衰えていくのに奮起もしないで(2)」

われわれは、とかく面倒なことは後まわしにする。しかし、それでよいのだろうか。

「以前になすべきことを後でしようと欲する人は、幸せな境地から没落して、あとで後悔する(3)」

シリマンダ長老は、真に迫った教えを与えた。

「多かろうと少なかろうと、一日〔のうちの時間〕を、空しく過ごしてはならない。一夜を〔無益に〕捨てるならば、それだけそなたの生命は減ずるのである。

歩んでいようと、立っていようと、臥床に横臥していても、最後の夜は迫ってくる。そなたは、いまは怠けていてよい時ではない(4)」

わたしのように人生の晩年にたどりついた人間には、この教えはとくに胸を打つものがある。しかし人生の春にある青年もまた耳を傾けるべきであろう。

「『これはあまりに寒すぎる』『あまりに暑すぎる』『これはあまりに夕方で遅すぎる』と、このように言って、青年が業務を放棄するならば、機会は〔むなしく〕過ぎ去ってしまう。寒さをも暑さをも、草よりも以上のものとは考えないで、人間としてなすべきことを実行しているならば、その人は幸せから離れることはない(5)」

「わたくしが病気になったときに、わたくしはふと気がついた、――『わたくしは病気になった。わたくしが怠けていてよい時ではない』と(6)」

病いに罹って、はっと気づくこともある。ウッティヤ長老もその思いを新たにしたのである。

「わたくしのいのちは短い。老いと病いが〔いのちを〕害なっていく。この身体が壊れる以前に、わたくしには、怠る時間はないのだ(7)」

時間を大切にせよ。

ただ「努める」とか、「はげむ」といっても、世俗の職業に従事している人々と、出家している修行者とのあいだでは、若干のへだたりがある。牛飼いダニヤと釈尊とのあいだの対話（『スッタニパータ』一八以下）がこの間の消息をよく示している。

「牛飼いダニヤがいった、

『わたしはもう飯を炊《た》き、乳を搾《しぼ》ってしまった。マヒー河の岸のほとりに、わたしは〔妻子と〕

ともに住んでいます。わが小舎《こや》の屋根は葺《ふ》かれ、火は点《とも》されている。神よ、もしも雨を降らそうと望むなら、雨を降らせよ(8)』」

牛飼いは一つの村に定住しない。雨期の四カ月は高地に住むが、その残りの時期には草を追って遊牧する。かれは雨期四カ月の始めに、雨期を過ごす準備をすませたので、このようにいうのである（ブッダゴーサ註）。

「神よ、雨を降らせよ」というわけは、こうである。

古代インドの俗信では、雨が降るのは、神が雨を降らすのであり、したがって「神が雨を降らす」（devo varṣati）というのは一般的な表現であった。近代西洋の諸言語では、it rains, il pluit, es regnet といって、雨を降らす主体には言及していない。ところが古代インド人はしばしば「神が雨を降らす」という表現をしたのである。

「師は答えた、

『わたくしは怒ることなく、心の頑迷《がんめい》さを離れている。マヒー河の岸のほとりに一夜の宿《やど》りをなす。わが小舎〔すなわち自身〕はあばかれ、〔欲情の〕火は消えた。神よ、もしも雨を降らそうと望むなら、雨を降らせよ』

牛飼いダニヤがいった、

『蚊も虻《あぶ》もいないし、牛どもは沼地に茂《しげ》った草を食《は》んで歩み、雨が降ってきても、かれらは堪《た》え忍ぶであろう。神よ、もしも雨を降らそうと望むなら、雨を降らせよ』

師は答えた、

『わが筏《いかだ》はすでに組まれて、よくつくられていたが、激流を克服《こくふく》して、すでに渡りおわり、彼岸《ひがん》に到着している。もはや筏の必要はない。神よ、もしも雨を降らそうと望むなら、雨を降らせよ』

牛飼いダニヤがいった、

『わが牧婦（＝妻）は従順であり、貪《むさぼ》ることがない。久しくともに住んできたが、わが意《こころ》に適っている。かの女にいかなる悪のあるのをも聞いたことがない。神よ、もしも雨を降らそうと望むなら、雨を降らせよ』

師は答えた、

『わが心は従順であり、解脱《げだつ》している。永いあいだ修養したので、よくととのえられている。わたくしには、いかなる悪も存在しない。神よ、もしも雨を降らそうと望むなら、雨を降らせよ』

牛飼いダニヤがいった、

『わたくしは自活しみずから養うものである。わが子らはみなともに住んで健《すこ》やかである。かれらにいかなる悪のあるのをも聞いたことがない。神よ、もしも雨を降らそうと望むなら、雨を降らせよ』

師は答えた、

『わたくしはなんぴとの用人でもない。みずから得たものによって全世界を歩む。他人に雇われる必要はない。神よ、もしも雨を降らそうと望むなら、雨を降らせよ』

牛飼いダニヤがいった、

『未《いま》だ馴《な》らされていない牛もいるし、乳を飲む仔牛もいる。孕《はら》んだ牝牛《めうし》もいるし、交尾を欲する牝牛もいる。牝牛どもの主である牡牛《おうし》もいる。神よ、もしも雨を降らそうと望むなら、雨を降らせよ(9)』」

牛はかれらにとって最も大切な財産であった。交換手段として貨幣の代わりに用いられることもあったので、ダニヤがこのように言ったのは、当然であり、順当であろう。

「師は答えた、

『未だ馴らされていない牛もいないし、乳を飲む仔牛もいない。孕んだ牝牛もいないし、交尾を欲する牝牛もいない。牝牛どもの主である牡牛もここにはいない。神よ、もしも雨を降らそうと望むなら、雨を降らせよ(10)』」

釈尊は、自分はいかなる財産をももっていない、ということを強調しているのである。「未だ馴らされていない牛もいない、……」というこの文句の意味は解りにくいが、前の詩において牛飼いダニヤの言ったことを、ひっくり返して逆のことを言っただけであろう。文句自体としては特別のことを意味しているのではない。

「牛飼いダニヤがいった、

『牛を繋《つな》ぐ杭《くい》は、しっかり打ちこまれていて揺《ゆる》がない。ムンジャ草でつくった新しい縄はよくなわれている。仔牛もこれを断《た》つことができないであろう。神よ、もしも雨を降らそうと望むなら、雨を降らせよ(11)』」

ダニヤは良き世俗の生活をたたえているのであるが、これに対して、ブッダは、出家者の生活のほうにより高い意義を認めていた。

「師は答えた、

『牡牛のように結縛《むすびいましめ》を断《た》ち、くさい臭いのする蔓草《つるくさ》を象のように踏みにじり、わたくしはもはや母胎《ぼたい》に入ることはないであろう。神よ、もしも雨を降らそうと望むなら、雨を降らせよ(12)』」

「母胎に入ることはないであろう」というのは、この迷いの世界のうちでまた生まれかわることはないであろう、との趣意である。

「たちまちに大雲が現われて、雨を降らし、低地と丘とをみたした。神が雨を降らすのを聞いて、ダニヤは次のことを語った。

『われらは尊き師にお目にかかりましたが、われらの得たところはじつに大きいのです。眼ある方《かた》よ。われらはあなたに帰依《きえ》いたします。あなたはわれわれの師となってください。大いなる聖者よ(13)』」

「眼ある方」というのは、一般に仏の異名とされている。

ここでは釈尊という人格に帰依することだけを述べている(三宝という観念の成立する以前の段階である)。

「『妻もわたしもともに従順であります。幸せな人(ブッダ)のもとで清らかな修行を行ないましょう。生死の彼岸に達して、苦しみを滅《ほろ》ぼしましょう(14)』」

清らかな修行(brahmacariya)とは、漢訳仏典では「梵行」と訳している場合が多い。この場合brahmaは、清らかな、崇高な、というほどの意味で、cariyaは行ない、特に行《ぎょう》、宗教的な修養を意味する。後代のインド一般ではbrahmacariyaというときには、独身で、男女関係を一切断っていること、不淫の行をいう。

右の詩において「生死の彼岸に達す」というのも、「苦しみを滅ぼす」というのも同じことであり、解脱にほかならない。

「悪魔パーピマンがいった、

『子ある者は子について喜び、また牛のある者は牛について喜ぶ。人間の執著《しゅうじゃく》するもとのものは喜びである。執著するもとのもののない人は、じつに喜ぶことがない(15)』

子女や財産（特に牛）のあるのを喜ぶのは、悪魔のことばである、と考えていたのである。

「師は答えた、

『子のある者は子について憂《うれ》い、また牛のある者は牛について憂う。じつに人間の憂いは執著するもとのものである。執著するもとのもののない人は、憂うことがない(16)』」

われわれは、食物があり、住む家屋と、寒さをしのぐ衣服があり、妻子とともに健康で、明るく楽しい生活ができれば、それが幸福であると考えている。

たしかにそのとおりであるが、しかしそこには落とし穴がある。食物が手に入れば、こんどは美味を、グールメを求める。家が見つかるとさらに広大で豪華な家に住みたいという欲望が起こる。衣服に不自由しなくなると、こんどはきらびやかな衣裳で身を飾りたいと思い、ファッションが気になる。それが現代の趨勢である。そこでやはり苦しみを憂い、悩みが起こる。――そんな執著を捨ててしまえ。そこに極楽が出現する。

世俗の人と出家修行者とでは立場がちがうが、つまらぬ執著を捨てるという点では、求道者の生活目標には共通のものがある。

「はげみ」こそニルヴァーナである。

「努めはげむのは不死の境地である。怠《おこた》りなまけるのは死の境涯である。努めはげむ人々は死ぬことがない。怠りなまける人々は、死者のごとくである(17)」

人が努めはげむということのうちに永遠の意義がある。人がそのあるべきすがたにおいて実践するならば、幾多の因果の連鎖によって影響は無限にひろがり、死ぬことがない。これに反して人が怠りなまけているならば、その人はすでに死んでいるのである。後代のいわゆる「修証一如」の思想の発端をここに見出すことができる。

「〔道に〕思いをこらし、堪え忍ぶことつよく、つねに健《たけ》く奮励する、思慮ある人は、安らぎ(ニルヴァーナ)に達する。これは無上の幸せである(18)」

安らぎnibbāna(サンスクリット語でニルヴァーナnirvāṇaという)は「涅槃《ねはん》」と音写するが、最高の理想の境地であり、仏道修行の最後の目的である。そこでは人間の煩悩や穢れがすべて消滅している。その境地は、道に努めはげむことにほかならない。

「思慮のある人は、奮い立ち、努めはげみ、自制・克己によって、激流もおし流すことのできない島をつくれ(19)」

「精励」の教えがまとめて説かれていることがある(『スッタニパータ』三三一以下)。

「起てよ、坐れ。眠ってなんじらになんの益があろう。矢に射られて苦しみ悩んでいる者どもは、どうして眠られようか[20]」

「坐れ」とは足を組んで禅定を修せよ、の意である（ブッダゴーサ註）。人間にはいろいろの欲望があるが、強い意志があれば、それを制御することができる。しかし、いかんとも超克しがたいのは、睡眠したいという欲望である。だから、それを制御せよ、というのである。

「起てよ、坐れ。平安を得るために、ひたすらに修行せよ。なんじらが怠惰でありその〔死王の〕力に服したことを死王（＝悪魔）が知って、なんじらを迷わしめることなかれ[21]」

「起てよ、坐れ」というのは物理的生理的な意味では矛盾している。しかし「起てよ」というのは、ここでは「しっかりせよ」という意味である。

「神々も人間も、ものを欲しがり、執著にとらわれている。この執著を超えよ。わずかの時をも空《むな》しく過ごすことなかれ。時を空しく過ごした人は地獄に堕《お》ちて悲しむからである。怠りは塵垢《ちりあか》である。怠りに従って塵垢がつもる。努めはげむことによって、また明知によって、自分にささった矢を抜け[22]」

もしも学びにつとめるならば、微小な身体をもつ一人の個人が、じつは全世界を征服した人だとさえ言えるのである。

「学びにつとめる人こそ、この大地を征服し、閻魔《えんま》の世界と神々とともなるこの世界とを征服するであろう。わざに巧みな人が花を摘《つ》むように、学びに努める人々こそ善く説かれた真理のことばを摘み集めるであろう[23]」

自分はなおざりであった、と気づいて反省するならば、そこから大いなる光明が発する。

「また以前には怠りなまけていた人でも、のちに怠りなまけることがないなら、その人はこの世の中を照らす。――あたかも雲を離れた月のように[24]」

（1） *Therag*. 17.
（2） *Therag*.1033.
（3） *Therag*. 225；261.
（4） *Therag*. 451-452.
（5） *Therag*. 231-232.
（6） *Therag*. 30.
（7） *Therig*. 95.
（8） *Sn*. 18.
（9） *Sn*. 19-26.
（10） *Sn*. 27.
（11） *Sn*. 28.
（12） *Sn*. 29.
（13） *Sn*. 30-31.
（14） *Sn*. 32.
（15） *Sn*. 33.
（16） *Sn*. 34.
（17） *Dhp*. 21. cf. *Udv*. IV, 1.

(18)　*Dhp*. 23.
(19)　*Dhp*. 25.
(20)　*Sn*. 331.
(21)　*Sn*. 332.
(22)　*Sn*. 333-334.
(23)　*Dhp*. 45.
(24)　*Dhp*. 172.

3　努める

釈尊の最後の教え（末後の一句）は、ただ次のことばに尽きる。

「そこで尊師は修行僧たちに告げた。――

『さあ、修行僧たちよ。お前たちに告げよう、〈もろもろの事象は過ぎ去るものである。怠ることなく修行を完成なさい〉と』。

これが修行をつづけて来た者の最後のことばであった(1)」

ローヒニー尼は商業都市ヴェーサーリーの富裕なバラモンの娘であったが、ブッダの説法を聞いて、聖者の最初の位に達した。このときのことを父母に伝えたが、その内容がこれらの詩句に述べられているのである。ついで、出家してさとりに達した。

「〔ローヒニー女の父なるバラモンが言った、――〕『貴き女《むすめ》よ。そなたは〈道の人よ！〉とわたしに言って、眠りに入る。そなたは〈道の人よ！〉と言って、眠りから覚める。そなたは〈道の人〉たちのみをほめたたえる。たしかに、そなたは、修行尼となるであろう。そなたは〈道の人〉たちに、食物や飲物をゆたかに施す。ローヒニーよ。いま、そなたに尋ねるが、なぜ、そなたは〈道の人〉たちが好きなのか？

かれらは、働くことを欲せず、怠け者で、他人から施されたもので生活し、しかも物を欲しがり、美味《おい》しいものを望んでいる。〔それなのに、〕なぜ、そなたは〈道の人〉たちが好きなのか？(2)』」

修行僧たちは怠けているのではないか、というのである。これに対して尼は答えた、――

「〔ローヒニー尼いわく、――〕『おとうさん。じつに永いあいだ、あなたは〈道の人〉たちのことを、わたしに尋ねてくださいました。わたしはあなたに、かれらの智慧と戒行と努力とをほめたたえましょう。

かれらは、働くことを欲し、怠けず、すぐれた活動をなし、貪りと怒りとを捨てています。それゆえに、わたしは〈道の人〉たちが好きなのです(3)』」

修行につとめることが、かれらにとっては「働く」ということなのである。

「かれらは、清らかな行ないをなし、三種の悪の根本を除き、あらゆる悪を捨てています。それゆえに、わたしは〈道の人〉たちが好きなのです(4)」

「三種の悪」とは、貪り（lobha）と怒り（dosa）と迷妄（moha）とをいう（ブッダゴーサ註）。

このような精神は、後代の仏教に至るまで一貫している。

「なんじら宜《よろ》しくまさに精進《しょうじん》して清浄《しょうじょう》なる心を発《おこ》し、もろもろの善業《ぜんごう》を起《た》つべし。世間の灯明たる弥勒仏《みろくぶつ》の身を見たてまつることを得ん。必ず疑いなきなり(5)」

現世的な快楽を承認したと言われる真言密教でもやはり精進の徳をたたえている。

「大精進をもって生起に処し、一切を救い摂して利益し安楽ならしむ(6)」

（1）*MPS*. VI, 7. *DN*. II, pp. 155-156.
（2）*Therig*. 271-273.
（3）*Therig*. 274-275.
（4）*Therig*. 276.
（5）『弥勒下生経』。
（6）『理趣経』五秘密三摩地品。

4　忍ぶ

道に努めはげむということは、自己に打ち克つことでもある。そこで怒りにたぎる感情を抑えて、「忍ぶ」ということが、現実の人生においては必要となる。

「『かれは、われを罵った。かれは、われを害した。かれは、われに打ち克った。かれは、われから強奪した』という思いをいだく人には、怨《うら》みはついにやむことがない(1)」

われわれは他人から害を加えられた場合に、なかなかそれをわすれることができない。いつかはこの怨みをはらしてやろうと思う。しかし他人を怨んでいるかぎり、しじゅう心に一物もっているわけであり、心の平和は得られない。

「あの人は、わたしを罵った。わたしに害を加えた」と思って、心の中に根にもって、仕返しをするならば、仕返しを受けたその人は、またこちらに手向かって来るだろう。どうにも手に負えなくなる。

「『かれは、われを罵った。かれは、われに打ち克った。かれは、われから強奪した』という思いをいだかない人には、ついに怨みがやむ[2]」

人間は、本能的な感情としての復讐心は、たしかに根強いものではあるが、しかし、仕返しをしないで自分の道をまっしぐらに進んで行くと、自分が害を受けたことも、単なる昔話にすぎなくなる。

憎しみや怨みというものは自分や他人を傷つけるにすぎないのに対し、これをのりこえて、慈しみの心によってこそはじめて、ひろびろとした境地が開かれて来る。

「じつにこの世においては、怨みに報いるに怨みをもってしたならば、ついに怨みの息《や》むことがない。怨みをすててこそやむ。これは永遠の真理である[3]」

「永遠の真理」dhammo sanantano（＝skt. dharmaḥ sanātanaḥ）という観念は、ヒンドゥー教では今日に至るまで根強く存在するが、仏教のうちに現われたほうが古いであろう。『法句経』（上巻、双要品）において「是道可ㇾ宗」（この道を宗とすべし）と訳しているのは適訳である。仏教における「宗」とはもともと「根本のことわり」を意味していた。『増一阿含経』第一六巻において「此法終不ㇾ朽」というのも趣意をつたえている。パーリ文註解によると、「〈怨まぬことによって怨みがしずまる〉と名づけられるこの古来の道理（porāṇako dhammo）は、すべての仏・縁覚・煩悩を滅した人（アラハント）たちの行なった道である」[4]といって三乗思想をもって解釈している。これは明らかに後代の解釈であるが、『法華経』の会三帰一《えさんきいち》の思想に通ずることは面白い。

そこで、とくに忍耐の徳が強調される。

「戦場の象が、射られた矢にあたっても堪え忍ぶように、われは人のそしりを忍ぼう。多くの人はじつに性質《たち》が悪いからである」[5]

「悪性さらにやみがたし」という反省を、他人についても行なうならば、むやみに怒る必要もない、ということに気付くであろう。

「馴らされた象は、戦場にも連れて行かれ、王の乗りものともなる。世のそしりを忍び、自らおさめた者は、人々の中にあっても最上の者である」[6]

さらに自分に害を加える者に対して堪え忍ぶばかりでなく、自分を敬いほめたたえてくれる人に対しても、得意になったり、特別にえこひいきをすることなく、堪え忍ぶ心が必要である。大乗仏教の哲人・ナーガールジュナ（龍樹）は言う、

「二種の衆生あり。来りて菩薩に向かい、一は恭敬供養《くぎょうくよう》し、二は瞋《いか》り罵《ののし》り打ち害す。そのとき菩薩はその心よく忍び、〔われを〕敬養する衆生を愛さず、加悪の衆生を瞋らず」[7]

自分を敬い、もてなしてくれる人々がいたからといって、いい気持ちになったり、驕り高ぶる気持ちを起こしてはならぬ、というのである。このほうの「堪え忍ぶ」ことのほうが、もっと難しいかもしれない。

自分を取り巻く諸般の事情を静かに反省するならば、人々に対する偏った愛憎の念をいだかないですむであろう。

(1) *Dhp*. 3.
(2) *Dhp*. 4.
(3) *Dhp*. 5.
(4) *DhpA*. I, p. 51.
(5) *Dhp*. 320.
(6) *Dhp*. 321.
(7) 『大智度論』第一四巻、大正蔵、二五巻一六四中。

5 目的の達成

あるいは努力し、あるいは堪え忍ぶというふうにするが、けっきょくは、各自の目的を達成するために進まねばならぬ。

「未来になすべきことをあらかじめ心がけておくべきである。――なすべき時に、わがなすべき仕事をそこなうことのないように。準備してなすべきことをつねに準備している人を、なすべき時になすべき仕事が害なうことはない。

目的が達成されるまで、人は努めなければならぬ。自分の立てた目的がそのとおりに実現されるのを見よ。――希望したとおりになるであろうと。

起て、つとめよ。自分のよりどころをつくれ。鍛冶工が銀の汚れをとり去るように、自分の汚れをとり去れ。汚れをはらい、罪過《つみとが》がなければ、なんじらはもはや〔迷いの〕生と老いとを受けないであろう(1)」

高い目標に向かって進むということが、人間の行動を浄めてくれる。物質的、生理的には同じ人間であっても、清らかであり、あるいは汚れているという区別は、そこに存するのである。

(1) *Udv.* XVI, 1-3.

三　善悪の彼岸

1　道　徳

「道徳論」というと、非常に難しく堅苦しいことのように思われているが、原理は簡単なことである。

「すべて悪しきことをなさず、善いことを行ない、自己の心を浄めること、——これがもろもろの仏の教えである(1)」

これを昔から「七仏通誡偈」という。過去七仏がみなこの詩を教えたもうたというのである。その漢訳文である「諸悪莫作、諸善奉行、自浄其意、是諸仏教」は東アジア諸国にあまねく知られている。特に最後の句「これがもろもろの仏の教えである」は、ジャイナ教の伝えた聖典の中にサーリプッタ（舎利弗）の語としてそのまま出ている(2)。

確かにあまり学問をしたことのない人々のうちにも、多くの善人がいる。そのわけは、道徳の原則は簡単なことだからである。道徳学を勉強していないでも、実際に善なる人々がいる。普通の凡人のなかに、善が、真実が見出される。

仏教には無尽蔵の教えが説かれているが、その要旨は、簡単にいえば「悪をなすなかれ」ということに帰着する。

「悪事をしても、その業（カルマ）は、しぼり立ての牛乳のように、すぐに固まることはない〔徐々に固まって熟する〕。その業は、灰に覆われた火のように、〔徐々に〕燃えて悩ましながら、愚者につきまとう[3]」

ただ実際問題として、何が善であり何が悪であるか、はっきりと断定できないことがある。ある行為が一方からみれば善であるが、他方からみると悪であるような場合がある。そこで善悪に関する判定は、個々の場合ごとに具体的に考えなければならない。

そこで、簡単にゆかぬから、なかなか難しいと思われるかもしれないが、所詮は、

「おのれの心を浄める」

ということにある。日本の古来の表現によるならば、「まことを尽くす」ということになろう。

「うず高い花を集めて多くの華鬘《はなかざり》をつくるように、人として生まれまた死ぬべきであるならば、多くの善いことをなせ[4]」

ここで華鬘（mālāguṇa）というのは、愛人が花嫁の上に投げかける花かざりであると解せら

れている。ここでは「多くの善」(bahūni kusalāni) を花かざりに譬えていうのである。人間は確かに生まれ、死ぬべきものである。善いことをして、惜しまれて死んで行くことにしようではないか。

善いことを行なうと、あとまで心が晴ればれとして、気持ちがさわやかである。「もしもある行為をしたのちに、それを後悔しないで、嬉しく喜んで、その報《むく》いを受けるならば、その行為をしたことは善い(5)」

善き行ないの香りは、芳しい。「タガラ、栴檀《せんだん》の香りは微《かす》かであって、大したことはない。しかし徳行ある人々の香りは最上であって、天の神にもとどく(6)」

大道に棄てられた塵芥《ちりあくた》の山堆《やまづみ》の中から香《かぐわ》しく麗《うるわ》しい蓮華が生ずるように、「塵芥にも似た盲《めしい》た凡夫のあいだにあって、正しくめざめた人(ブッダ)の弟子は智慧もて輝く(7)」

世の中はいかに汚れていても、徳行は香しく麗しい。汚れた濁り水の中から蓮華の花が咲くようなものである。

反対に人々は悪の恐ろしさに気がつかない。「悪事をしても、その業(カルマ)は、しぼり立ての牛乳のように、すぐ固まることはない〔徐々に固まって熟する〕。その業は、灰に覆われた火のように、〔徐々に〕燃えて悩ましながら、愚者につきまとう(8)」

業が徐々に凝固するものであるという見解は、仏教以前のヴェーダの祭儀書に現われている。

「耳は業（karman）を創造した。その業はもろもろの生気とむすびついて凝固し、この身体、食物よりなる身体となった。もろもろの生気がなかったならば業は完全ではないし、また業がなかったならばもろもろの生気は完全ではない[9]」

しかし仏教以前のヴェーダの宗教では、道徳的な意味での業の恐ろしさに気がつかなかった。この点に気づかせてくれたのは、仏教である。

「恐れなくてよいことに恐れをいだき、恐れねばならないことに恐れをいだかない人々は、邪《よこし》まな見解をいだいて、悪いところ（＝地獄）におもむく[10]」

「悪いところにおもむく」という運命は、もともと人間各自のつくり出したものである。

「避けねばならぬことを避けなくてもよいと思い、避けてはならぬ（＝必ずなさねばならぬ）ことを避けてもよいと考える人々は、邪まな見解をいだいて、悪いところ（＝地獄）におもむく[11]」

避けてはならぬこと（avajja）を漢訳『法句経』では「可レ就」と訳している。インド人は否定的表現を愛好するが、シナ人は積極的肯定的な表現を愛好するのである。

遠ざけるべきこと（＝罪）を遠ざけるべきであると知り、遠ざけてはならぬ（＝必ずなさねばならぬ）ことを遠ざけてはならぬと考える人々は、正しい見解をいだいて、善いところ（＝天上）におもむく[12]」

「遠ざけてはならぬこと」（avajja）を漢訳『法句経』では「可レ近」と訳している。ここでもシナ人は、インド人の否定的表現を積極的肯定的表現に改めている。

「なすべきことを、なおざりにし、なすべからざることをなす、遊びたわむれる放逸なる者どもには、もろもろの汚《けが》れが増す(13)」

われわれはどうかすると、「なすべきこと」と「なすべからざること」とのけじめを忘れてしまう。気づかぬところに落とし穴があるのである。

そこでわれわれは常に気をつけていなければならない。

「常に身体〔の本性〕を思いつづけて、なすべからざることをなさず、なすべきことを常になして、心がけて、みずから気をつけている人々には、もろもろの汚れがなくなる(14)」

われわれの身体がはかない脆いものであるという自覚を新たにすると、改めて精進努力の覚悟ができるのである。

「説き示された直き道を行け。退いて返ることなかれ。みずから自分を督励せよ。安らぎを得るようにせよ(15)」

「直き道を行く」——これこそ人生に生きる覚悟であろう。

善いことをせよ、悪いことをするな、というのは、仏教の入門であり、だれにでも解っていることである。

しかし、その原則を現実にあてはめてみると、なかなか難しい問題が起こって来る。

(一)　まず人が何もしない（無為）という生き方もある。

(二) また何かをするとしても、善いこともしないが、また悪いこともしない。ただ心や身体を動かして、何かをしているという場合もある。

こういうあり方に対して、どう考えたらよいのか？

「悪いことをするよりは、何もしないほうがよい。悪いことをすれば、後で悔いる。単に何かの行為をするよりは、善いことをするほうがよい。なしおわって、後で悔いがない」(16)

自分は何もしないのだ、と言って自らの態度を表明している人も、やはり（死ぬまでの）時間を過ごし、食物を摂取しているのであるから、やはり行為を行なっているわけである。

そのことを自覚したならば、無為徒食をしているよりも、何らかの意味で善を行なうほうが願わしい。

「善をなすのを急げ。悪から心を退けよ。善をなすのにのろのろしたら、心は悪事をたのしむ」(17)

ところが人間というものは、弱いものである。悪をなすことがある。また主観的に心の中では善いことをしようと思ってしても、結果的に悪となってしまう場合もある。

「人がもしも悪いことをしたならば、それをくりかえすな。悪事を心がけるな。悪がつみ重なるのは苦しみである」(18)

悪いことを再びなすな。

世間には、人に見つからないように悪事を行なうことにスリルを感ずる人もいる。しかし悪を楽しんではならない。

悪いことをするのとは反対に、善いことをするというのは、なかなか難しい。なかなかできないことである。しかし、容易にできないことであるからこそ、それを実行しようではないか。「人がもしも善いことをしたならば、それをくりかえせ。善いことを心がけよ。善いことがつみ重なるのは楽しみである(19)」

ただ実際問題として、具体的に、何が善であり、何が悪であるか、ということは一定していない。日本の場合についてみても、善・悪の基準は、戦前と戦後とでは大きく変化した。民族により、宗教によっても非常な差異がある。また同じ民族、同じ宗教においても、長い歴史的経過を通じて、大きな変化が見られる。

だから現実の問題としては、具体的に詳細に検討しなければならないが、ただ原則に関しては、人々の理解は一致している。人のためになることは善であり、人を害なうことは悪である。

ここでは「人」という表現を用いたが、それは他人のことであるが、また自分をも含めて考えてさしつかえない。英語では one が、ドイツ語では man が、フランス語では l'on が文章の主語として立つときには、単数形ではあるが、意味上は複数形の「人々」を考えている。

仏教の術語としては「自他不二」という。他人と自分とは切り離せないのである。

善いことをすれば、善い報《むく》いがあり、また悪いことをすれば、悪い報いを受ける、と世間の人々は言う。「善因善果、悪因悪果」という道徳的因果律は、仏教ないしインド思想一般で説くところである。他の諸民族、諸宗教でも似たようなことを説いている。

しかし、本当にそのように具現するものであろうか？　世間を見ると、悪人が栄え、反対に善人が災厄や不運に遇う例は、いくらでもある。これをどう考えたらよいのか？ これについて原始仏典は、次のような反省を述べている。

「まだ悪の報いが熟さないあいだは、悪人でも幸運に遇《あ》うことがある。しかし悪の報いが熟したときには、悪人はわざわいに遇う(20)」

またそれと反対に、

「まだ善の報いが熟さないあいだは、善人でもわざわいに遇うことがある。しかし善の果報が熟したときには、善人は幸福《さいわい》に遇う(21)」

善いことをすれば、いつかは善い報いがあるはずである。

（1） *Dhp*. 183.
（2） *Isibhāsiyāiṁ*, 384.
（3） *Dhp*. 71.
（4） *Dhp*. 53 ; *Udv*. XVIII, 10.
（5） *Dhp*. 68.
（6） *Dhp*. 56.
（7） *Dhp*. 58-59.
（8） *Dhp*. 71.
（9） Śat. Br. X, 5, 3, 8.
（10） *Dhp*. 317.
（11） *Dhp*. 318.
（12） *Dhp*. 319.

（13）*Therag*. 635.
（14）*Therag*. 636.
（15）*Therag*. 637.
（16）*Dhp*. 314. この詩句は *SN*. I, p. 49 にも出て来る。この詩句における dukkataṃ....kataṃ はともに単数奪格（ablative）である。この解釈は *Udv*.（xxix, v. 53, "B41" in Pischel's edition）によって確かめられるが、そこでは akṛtaṃ kukṛtāc chreyaḥ と述べられている（L. Alsdorf : *Kleine Schriften*, op. cit., S.67）（cf. Lüders : *Beobachtungen*, §189, S. 139. Waldschmidt の補遺）。
（17）*Dhp*. 316.
（18）*Dhp*. 117.
（19）*Dhp*. 118.
（20）*Dhp*. 119.
（21）*Dhp*. 120.

2　善と悪

因果の理法を知らないあいだは、人々は悪を行なう。国王が侵略戦争を行なうのは、その最たるものである。

「ある物が人に役立つあいだは、その人は〔他人から〕掠奪する。次いで、他の人々がかれから掠め取るときに、〔他人から〕掠め取った人が、掠奪されるのである。

悪の報いが実らないあいだは、愚人は、それを当然のことだと考える。

しかし悪の報いの実ったときに、愚者は苦悩を受ける。

殺す者は殺され、怨む者は怨みを買う。また罵りわめく者は他の人から罵られ、怒りたける者は他の人から怒りを受ける。

業の〔輪の〕廻転によって、掠め取られた者が掠め取る(1)」

こういう罪業の浅ましいすがたから、応報の説を構成するのに至ったのであろう。

だから悪を行なわない人は、業の教えも無用なのである。

「もしも手に傷がないならば、その人は手で毒をとり去ることもできるであろう。傷のない人に、毒は及ばない。悪をなさない人には、悪の及ぶことがない(2)」

「悪をなさない人には、悪の及ぶことがない」ということをパーリ文註解は「悪をなさない人の心に悪が従い行くことがない」(nāssa cittaṃ pāpaṃ anugacchati ti) と解している。

因果のさだめは恐ろしいものである。われわれはそれから身を隠すことはできない。

「大空の中にいても、大海の中にいても、山の中の奥深いところに入っても、およそ世界のどこにいても、悪業から脱れることのできる場所はない(3)」

奥深いところ(vivara)を西洋および日本の学者はたいてい「洞窟」と訳している。しかし必ずしも山腹の土を掘って洞窟をつくってその中に住むという「穴居生活」を意味していたのではなくて、岩蔭に身をひそめていたらしい(出家僧が鋤鍬をもって穴を掘ることは戒律によって禁じられていた)。漢訳『法句経』無常品に「非レ隠二山石ノ間一」と訳し、『出曜経』無常品には「非レ入二山石間一」、『法集要頌経』有為品には「非レ入二山窟間一」と訳している。ラージギルの〈鷲の峰〉、スリランカのAluviharaya Matale（初めて仏教経典を書写した所）では岩塊が重なり合ったその隙間に、修行僧が身をひそめることができるようになっている。vivaraの語義は「裂け目」ということである。「奥深いところ」と訳しておけば、すべての場合を含み得るであろう。

「唯一なることわりを逸脱し、偽りを語り、彼岸の世界を無視している人は、どんな悪でもなさないものはない(4)」

「彼岸の世界を無視している人」をvitinnapar alokassaという。この語をほとんどすべての翻訳者は「来世を信じない者」と訳し、「来世を信ぜざる者は悪を行なう」という趣意に解している。漢訳『法句経』世俗品、『出曜経』一一巻、行品には「不レ免二後世一」と記している。われわれはむしろ字義のとおりに解すべきであろう。

ここでいう「彼岸の世界」を、「絶対の世界」と解するならば、現在生きているこの世の生活もまた彼岸の世界のうちに包まれているのである。

この彼岸の世界、目に見えない大いなる力を無視するから、人々は目に見える範囲だけに気をくばり、傲慢となり、勝手なことをして、悪を行なう。

人間の行なった善あるいは悪の行為は、その人に何らかの影響を残す。その影響を〈業《ごう》〉として理解するのである。

業による因果応報のすがたを、『大無量寿経』（下巻）には、すさまじい語気をもって表現している。

「天地のあいだに五道分明なり。恢廓窈窕《かいかくようちょう》、浩々茫々《こうこうもうもう》として善悪報応《ほうおう》し禍福相承《あいう》く。身自《みずか》らこれに当《あ》たる。誰も代わる者なし。（中略）善人は善を行じて楽より楽に入り、明より明に入る。悪人は悪を行じて苦より苦に入り、冥《まよい》より冥に入る。誰かよく知るものぞ。独《ひと》り仏《さとり》の知るのみ。教語開示《きょうごかいじ》すれども信用する者は少なし。生死休《や》まず。悪道絶えず」

他人を悩まし、害なう人は、けっきょく自分自身が悩まされ、害なわれることになる。

ショーティダーサ長老の反省として、次のことばが伝えられている。

「じつに粗暴な行ないをなす人々は、種々のことをめざす束縛の網をもって、他の人々を悩ますが、かれら自身もまたそのように〔他人から〕悩まされる。じつに業（行ない）は滅びないからである。

人がもしも善または悪の行ないをなすならば、かれは自分の行なった一つ一つの業の相続者となる」(5)

業の応報のことは、一般的原則的な立言として次のように述べられている。

「『その報いはわたしには来ないであろう』と思って、悪を軽んずるな。水が一滴ずつ滴《したた》りおちるならば、大きな水瓶でもみたされるのである。愚かな人々は、少しずつでも悪をなすならば、やがてわざわいにみたされるのである。

『その果報はわたしには来ないであろう』と思って、善を軽んずるな。水が一滴ずつ滴《したた》りおちるならば、大きな水瓶でもみたされるのである。気をつけている人々は、少しずつでも善をなすな

らば、やがて福徳にみたされるのである」(6)

先代からの信用のある名門の後嗣でも、好ましからぬことをしていると、おのずから信用を失って、零落して行く。反対にまじめに仕事をしている人は、おのずから世人の信用を得て、業務が向上し確立する。ほぼそういう関係にも譬えられるであろう。

ただ悪人が一時的にもせよ栄耀栄華を極めることは、どうせそのうち罰を受けるぞ、と思って眺めることもできるが、善人が何ら悪いことをしていないのに災厄を受けることがあるのを見ると、われわれはやるせない気持ちになる。これをどう理解したらよいか？　われわれはこれをとうてい「神の思召し」と解することはできない。そういう「思召し」をもっている「神」ならば、それは神ではない。

それは、われわれが弱い存在であり、まさにそのゆえに、世間的にはいかに立派な人でも、高い眼から見ると、「極重悪人」であるということに帰着するのではなかろうか。だからこそ「極重悪人唯称仏」ということになる。

限られたすがたを超えた、かなたの大いなる慈悲にすがるということのほかに生き方はない、ということになるのだと思う。

因果応報のことわりは、主として個人単位に説かれることが多かった。しかし集団とか民族を単位としても考えられるはずである。これを共業《ぐうごう》とよぶ。すなわち集団の共通の行為と解し集団に属する人々がみな共通に報いを受けるというのである。釈迦族がコーサラ国に滅ぼされたのは、釈迦族の共通の悪業のゆえであると考えられていた。

「人がもしも善または悪の行ないをなすならば、かれは自分のした一つ一つの業の相続者となる。じつに業は滅びないからである」[7]

「じつに業は滅びない」ということは、叙事詩『マハーバーラタ』などの中にも説かれているし、インド一般に奉ぜられている。

現代でも偉大な学者が亡くなったときの讃辞に、この句を引用して、「業（＝業績）は滅びない」といってたたえる。

「善業が滅びない」という立言には、人々はそれほど抵抗を感じない。しかし「悪業が滅びない」という立言には人々はおののきを感ずる。

そこで「滅罪」ということが大きな問題となる。

仏教では「罪滅ぼし」ということが万能であると考えた。

「以前には悪い行ないをした人でも、のちに善によってつぐなうならば、その人はこの世の中を照らす。――雲を離れた月のように」[8]

悪いことをした人でも、月のように世の中を照らすことも
できるのである。

逆に「罪滅ぼし」とは善を行なうことであると解すると、われわれは明るい気持ちで世の中に生きて行くことができるように思われる。

（1）*SN*. I, p. 85.
（2）*Dhp*. 124.
（3）*Dhp*. 127.

（4） *Dhp*. 176.
（5） *Therag*. 143-144.
（6） *Udv*. XVII, 5-6.
（7） *Udv*. IX,8.
（8） *Dhp*. 173 ; *Udv*. XVI, 9.

3　思　考

善を行ない、悪を避けるためには、細心の注意が必要である。

「つねに善き思考をはたらかせよ。しかしつねに悪を避けよ。そうすれば、吹き上げられた塵を雨がしずめるように、もろもろの思考と思索とを捨て去るであろう」(1)

「もろもろの思考と思索とを捨て去るであろう」というのは、原文を見ると、もろもろの思考（vitarka）と思索（vicāra）を捨てるであろうとなっている。

伝統的な解釈によると、粗雑な思考作用と微細な思考作用とを捨てるということなのであるが、要点をいうと、つまらぬはからいを捨てて、大いなるものにおまかせする、ということになるのであろう。

業の因によって究極の境地に達するという思想は、親鸞聖人の説かれたところでもある。『尊号真像銘文《そんごうしんぞうめいもん》』に、

「真実信をえたる人は、大願業力のゆゑに自然に浄土の業因たがはずしてかの業力にひかかるるゆ

ゑにゆきやすく無上大涅槃にのぼるにきはまりなしとのたまへるなり。しかれば、自然の牽くところとまうすなり。他力の至心信楽《ししんしんぎょう》の業因の自然に牽くなり」

と讃仰されてある。

それは、個々人のあさはかなはからいを超えたはたらきを意味していると解し得るのではなかろうか。

禅のほうでよく言うことばであるが、

「不昧因果（因果にくらからず）

不落因果（因果に落ちず）」

という。

この句がどういう意味であるかということは、禅の専門学者に聞かねばならぬが、わたくしとしては、

「因果のことわりをよくわきまえる。それと同時に因果のことわりを超えて新しい独自の境地を開く」

という意味であると思う。

自然科学で言うような物理的な因果律を意味しているのではないはずである。

ここに自分で、自分の生活をきりひらいていく立場が確立することになる。

（1） *Udv.* XII, 17.

4　解　脱

われわれはつねに、生理的、物質的な束縛や、現世のしがらみに悩まされていて、それから離脱したいと思う。インドの哲学思想は多かれ少なかれ、解脱を目標としている。しかし、解脱を得た人が実際にいるのであろうか？

最初期の仏典『スッタニパータ』によると、バラモンの学生ウパシーヴァが、釈尊に向かってこの点を尋ねたという。

「ウパシーヴァさんが尋ねた、

『釈迦族の方よ。わたくしは、独りで他のものにたよることなくして大きな煩悩の激流を渡ることはできません。わたくしがたよってこの激流をわたり得る〈よりどころ〉をお説きください。あまねく見る方よ[1]』」

「他のものにたよることなく」というのは、ブッダゴーサによると、「〔他の〕人にたよることもなく、教義にたよることもなく」というのである。〈宗教〉とは、普通は他の何ものかにたより帰依することだ、と考えられ、またそのように勧められている。ところがここでは、他人の権威にたよったり、教義にたよったりすることを否定しているのである。これは偶像破壊（iconoclasm）の精神に通ずる。

「師（ブッダ）はいわれた、

『ウパシーヴァよ。よく気をつけて、無所有をめざしつつ、〈何も存在しない〉と思うことによって煩悩《ぼんのう》の激流を渡れ。もろもろの欲望を捨てて、もろもろの疑惑を離れ、妄執の消滅を昼夜に観ぜよ[2]』」

無所有の原語 ākiñcañña は無一物、何も存在しないことをいう。

註釈（*CuN.*; *Pj.*）によってみても、ここでは無所有処定を意味している。ただし註釈が書かれたときにはすでに四無色定の観念が成立していたから、ブッダは無所有処定からさらに非想非非想定に入り、さらにそれを出て、より高い境地に入ったと説明している。しかしこれは明らかに原文からそれた説明である。

ここの原文では、おそらく「何ももたぬこと」「何ものにも執著しないこと」を意味していたのであろう。

「もろもろの疑念を離れ[3]」というのは、註解に従って訳したのであるが、ただしこの註解によらないと、「もろもろの談論を離れ」と訳すこともできる。

おそらく後者のほうが原義に近いであろう。

妄執の消滅 taṇhakkhaya（＝nibbāna, *Pj.* p. 593）というのは、ニルヴァーナ（涅槃）のことであるが、ニルヴァーナというものは、固定した境地ではなくて、〈動くもの〉である。

前掲の「妄執の消滅を昼夜に観ぜよ[4]」という文章を解釈して、ブッダゴーサは、「昼夜にニルヴァーナを盛んならしめて、観ぜよ[5]」という（あるいは「ニルヴァーナを消滅せるものとなして」とも訳し得る）。われわれが、ホッとくつろいだときには、その安らぎの境地を増大させることができる。それと同様にニルヴァーナを栄えさせ、増大させるか、あるいは少なくとも作り出すことのできるものだと解していたのである。

「涅槃」という漢字からは、何かしら陰気な、虚無的なものを連想させられるが、ブッダゴーサによると、われわれ凡夫のくつろいだ境地につながるのである。

「ウパシーヴァさんがいった、

『あらゆる欲望に対する貪《むさぼ》りを離れ、無所有にもとづいて、その他のものを捨て、最上の〈想いからの解脱《げだつ》〉(6)において解脱した人、――かれは退きあともどりすることなく、そこに安住するでありましょうか？』」

想いからの解脱（saññāvimokkha）というのは、難解な語である。ある原始聖典によると、七等至のうちで最上のものである無所有処定をいう(1)。

この原語を「想念のみ存する解脱」と訳すことも、語学的には可能である。Fausböll は「想念による解脱」(being delivered in the highest deliverance by knowledge) と解する。

この解釈は、説一切有部や大乗仏教一般の教義学とは明らかに相違している（これらの学派の教義によると、梵天の世界は色界に属し、識無辺処や無所有処は無色界に属する）。この相違の示すことは、ブッダゴーサも説一切有部も、最初期の仏教の思想をそのままには伝えていない、ということである。

ともかく無所有処には想念はないはずである。だからいずれにもせよ「想いからの解脱」と解するほうが適当であろう。'who from Perceptions wins entire Deliverance' (Chalmers)．凡夫の分別を離れた境地を言うのであろうと思われる。

これに対する釈尊の答えは懇切である。

「師は答えた、

『ウパシーヴァよ。あらゆる欲望に対する貪りを離れ、無所有にもとづいて、その他のものを捨て、最上の〈想いからの解脱〉(8)において解脱した人、——かれは退きあともどりすることなく、そこに安住するであろう』」

しかしウパシーヴァはまだ満足することができなくて、さらに質問をつづけ、追究する。

「あまねく見る方《かた》よ。もしもかれがそこから退きあともどりしないで多年そこにとどまるならば、かれはそこで解脱して、清涼《しょうりょう》となるのでしょうか？　またそのような人の識別作用は〔あとまで〕存在するのでしょうか(9)？」

「清涼となるのでしょうか」(tatth'eva so sītisiyā vimutto) というのは、ブッダゴーサ (*Pj*. p. 594) によると、「種々の苦しみから解き放たれて、清涼な境地に達する、すなわち、ニルヴァーナに達して常住なものとなる」という意味であるという(10)。

原文には「……存在するのでしょうか」(bhavetha viññāṇaṃ tathāvidhassa) となっているが、ところが若干の写本や註釈書 (*Paramatthajotikā*) にもとづいた写本では bhavetha の代わりに cavetha (没する) となっている。すると、意味が正反対になる。「死後には精神が存在しないことになるのか？」と問うたことになる(11)。すなわち、常見を採用するのか？　断見を採用するのか？　――といって迫ってくると解するのである。

しかしここで述べられているのは、常見と断見という二概念に定型化する以前の思想であると思われるので、ブッダゴーサの註解に従わないことにした。

インドは暑熱の国である。樹蔭の涼しいところに休むのが理想であった。だから解脱のことを「清涼」と称するのである。

釈尊は次に、〈火炎の譬喩〉をもち出す。

「師が答えた、

『ウパシーヴァよ。たとえば強風に吹き飛ばされた火炎は滅びてしまって〔火としては〕数えられないように、そのように聖者は名称と身体から解脱して滅びてしまって、〔存在する者としては〕数えられないのである[12]』」

「火としては数えられない」(na upeti saṃkhaṃ) というのは、仏典における特有の表現である。註 (*Pj.* p. 549) は「これこれの方向に行ってしまったとは表示され得ない[13]」と解する。

「名称と身体」というのは、原始仏典の他の個所で「名称と形態」と呼んでいるものに同じである。結局、精神と身体とを意味する[14]。

「数えられないのである」というのは、ブッダゴーサによると、「この人は王族である」とか「この人はバラモンである」とか表示され得ない (*Pj.*) ということである。

右の譬喩の趣意は、わが国の無難禅師が「生きながら死人《しびと》となる」と呼んでいた境地につながるであろう。

ウパシーヴァはさらに追究する。

「滅びてしまったその人は存在しないのでしょうか？　あるいはまた常住であって、そこなわれないのでしょうか？　聖者さま。どうかそれをわたくしに説明してください。あなたはこの理法をあるがままに知っておられるからです(15)」

そこなわれないとは変じ壊《やぶ》れないという意味である(16)、とブッダゴーサは解する。「どうかそれをわたくしに説明してください」という句は『スッタニパータ』第一〇五二詩にも出てくる。

修行を完成した聖者は、死後に存在するか存在しないか、ということは、当時の思想家たちの論題の一つであって、原始仏典でもジャイナ教聖典でも論ぜられているが、ウパシーヴァは、それを問題としているのである。この質問に対する釈尊の答えは断固たるものである。

「師は答えた、

『ウパシーヴァよ。滅びてしまった者には、それを測《はか》る基準が存在しない。かれを、ああだ、こうだと論ずるよすがが、かれには存在しない。あらゆることがらがすっかり絶やされたとき、あらゆる論議の道はすっかり絶えてしまったのである(17)』

「滅びてしまった者には」というのは無余ニルヴァーナに入った者には、という意味であると(18)、ブッダゴーサは註解している。

しかし最初期の仏教には「無余涅槃」という観念はなかった。だからここでは「完全に束縛・しがらみのなくなった人」のことをいうのであろう。

測る基準 pamāṇam（＝rūpādi, *Pj.*）とは、形態など、と註解されているが、測る基準がないというのは、われわれの思考を超越しているということを意味する。「不可思議」「難思議」というのと同じである。阿弥陀仏のことを「難思議」と呼ぶのは、ここに由来する。すべてのことがら(dharma)の消え失せた聖者がニルヴァーナの中に入っているのである。

究極の境地のことは、バラモン学生トーデイヤと釈尊との対談のうちにも端的に表明されている。

「トーデイヤさんが尋ねた、

『もろもろの欲望のとどまることなく、もはや妄執が存在せず、もろもろの疑惑《ぎわく》を超えた人、――かれはどのような解脱《げだつ》をもとめたらよろしいのですか？[19]』」

いったいこういう人が存在するのであろうか？　もしも存在するならば、その上に何をめざしたらよいのだろう。解脱といっても、その内容は人によって違うから、「どのような解脱をもとめたらよろしいのですか[20]」と尋ねたのである。「どのような解脱を？」と尋ねているのは面白い。解脱は人によって異なるのである。

これに対して釈尊は、簡単明瞭に答える。

「師（ブッダ）は答えた、

『トーデイヤよ。もろもろの欲望のとどまることなく、もはや妄執が存在せず、もろもろの疑惑を超えた人、――かれには別に解脱は存在しない[21]』」

汚れにたとえられる妄執のなくなること、——それが解脱であり、それ以上のものではないというのである。(22)

しかしトーデイヤは、しつこく食いさがる。

「かれは願いのない人なのでしょうか？　あるいは何かを希望しているのでしょうか？　かれは智慧があるのでしょうか？　あるいは智慧を得ようとはからいをする人なのでしょうか？　釈迦族の方《かた》よ。かれが聖者であることをわたくしが知り得るように、そのことをわたくしに説明してください。あまねく見る方《かた》よ(23)」

これに対して釈尊は、〈解脱とは、はからいのないことである〉と説き明かす。

「〔師いわく〕、

『かれは願いのない人である。かれは何ものをも希望していない。かれは智慧のある人であるが、しかし智慧を得ようとはからいをする人ではない。トーデイヤよ。聖者はこのような人であると知れ。かれは何ものをも所有せず、欲望の生存に執著していない(24)』」

ここに「欲望の生存に」(kāmabhave) と訳した語を註解は ‘kāme ca bhave ca’ (欲望と迷いの生存とに) と解する (*Pj*. p. 597)。‘lust and existence’ (Fausböll) ; ‘Entwesen der an keinem Wunsche haftet’ (Neumann).

どちらでも趣意に変わりはないであろう。

究極の境地に達した修行者は、種々にたたえられている。

「かれは、もろもろのいろ・かたちになずまない。いろ・かたちを見ては、よく気をつけている。心に愛執を離れて感知し、しかもそれに執著していない。

かれは、いろ・かたちを見て、感受作用を感じていても、〔業が〕尽きて、もはや積まれることがないように、気をつけてくらしている。かれはこのようにして苦しみを除いて行くので、安らぎはかれの近くにある、と言われる(25)」

解脱した人の境地は、鳥が思うがままに空を飛んで何らとらわれのないことに譬《たと》えられている。

「その人の汚《けが》れは消え失せ、食物をむさぼらず、その人の解脱《げだつ》の境地は空《くう》にして無相であるならば、かれの足跡は知りがたい。――空飛ぶ鳥の迹の知りがたいように(26)」

「食物をむさぼらず」(āhāre ca anissito)とは、漢訳『法句経』には「不ニ腹仰レ食」となっている。「無相」というのは、すがた・かたちにとらわれないことをいう。

「御者が馬をよく馴らしたように、おのが感官を静め、高ぶりをすて、汚れのなくなった人――このような境地にある人を神々でさえも羨む(27)」

「汚れのなくなった」(anāsava)という場合の「汚れ」の原語(āsava)はジャイナ教では汚れが迫って来て霊魂にまといつくことをいう。字義に即する限りは、この見解のほうが原義である。文字に即している。ところが仏教ではこのアーサヴァを「漏」と訳し、「漏泄《ろせつ》」の義と解した。漏れ出ること。人間は肉体的には外に漏れるいろいろの不浄物があり、また精神的には煩悩の穢れが外に洩れる。その煩悩をなくし人格を完成することを「無漏」(anāsava)とか漏尽(khīnāsava)という。

こうして解脱した人は、神々よりも高い境地にいるのである。

「大地のように逆らうことなく、門のしまりのように慎み深く、〔深い〕湖は汚れた泥がないように――そのような境地にある人には、もはや生死の世は絶たれている(28)」

正しい智慧によって解脱《げだつ》して、やすらいに帰した人――そのような人の心は静かである。ことばも静かである。〔身の〕行ないも静かである(29)」

解脱した人の心は、静かで清冽な湖のような境地にあるのである。

その究極の境地というものは、〈動〉を可能ならしめる〈静〉である。一日一日を充実した生として送ることである。

「愚かに迷い、心の乱れている人が百年生きるよりは、智慧あり思い静かな人が一日生きるほうがすぐれている。

怠りなまけて、気力もなく百年生きるよりは、堅固につとめ励んで一日生きるほうがすぐれている(30)」

(1) *Sn.* 1069.
(2) *Sn.* 1070.
(3) virato kathāni(katham-kathāhi), *Pj.* p. 593.
(4) taṇhakkhayaṃ nattamahābhipassa.
(5) rattindivaṃ nibbānaṃ vibhūtaṃ katvā passa, *Pj.* p. 593.
(6) *Sn.* 1071.
(7) ākiñcaññ'āyatana-samāpatti vimokkho (*CuN.*). さらに、ブッダゴーサは、それを梵天の世界と同

一視している。……sattasu saññā vimokkhesu uttame ākiñcaññāyatane……so puggalo tattha ākiñcaññāyatana-brahmaloke avigacchamāno tiṭṭhe……, *Pj*. p. 594.

(8)　*Sn*. 1072.

(9)　*Sn*. 1073.

(10)　so puggalo tatth' evākiñcaññāyatane nānādukkhehi vimutto sītibhāvaṃ patto bhaveyya, nibbānappatto sassato hutvā tiṭṭheyyā ti adhippāyo.

(11)　udāhu tathāvidhassa viññāṇaṃ anupādāya parinibbāyeyyā ti ucchedaṃ pucchati, *Pj*. p. 594.

(12)　*Sn*. 1074.

(13)　"asukan nāma disaṃ gato"ti vohāraṃ na gacchati. この場合の saṃkhā（=skt. saṃkhyā）は、表示呼称（vohāra=skt. vyavahāra）と解されていたのである。

(14)　nāmakāyā pi vimutto ubhayatobhāgavimutto, *Pj*.

(15)　*Sn*. 1075.

(16)　aroga=aviparināmadhammo, *Pj*.

(17)　*Sn*. 1076.

(18)　atthaṅgatassa=anupādā parinibbutassa, *Pj*. p. 595.

(19)　*Sn*. 1088.

(20)　tassa kīdiso vimokkho icchitabbo ti pucchati, *Pj*. pp. 596-597.

(21)　*Sn*. 1089.

(22)　'taṇhakkhayo eva vimokkho' ti vutte pi……, *Pj*. p. 597.

(23)　*Sn*. 1090.

(24)　*Sn*. 1091.

(25)　*Therag*. 806-807.

(26) *Dhp*. 93.
(27) *Dhp*. 94.
(28) *Dhp*. 95. そのような境地にある人（tādin = skt. tādṛś）とは、仏教サンスクリットでは tāyin, nom. tāyī となる。「そのような人」という字義で、ブッダのことをいう。漢訳『法句経』では「真人」と訳している（大正蔵、四巻五六四中）。tathāgata とほぼ同義である。人々が尊んでくれても尊んでくれなくても、それに喜びしたがうのでもなく、さからうのでもない（ブッダゴーサ）。
(29) *Dhp*. 96.
(30) *Dhp*. 111-112.「生死の世は絶たれている」（saṃsārā na bhavanti tādino）とは漢訳『法句経』に「生死世絶」と訳してあるのに従った。saṃsārā と複数になっているのに注意しよう。「あれこれ迷いの状態」を意味しているのであって、「輪廻」という教義的観念の成立する以前の段階を示している。

四　慈悲を行ずる

1　慈　悲

人の生きる道を説く思想体系や宗教は世の中に数多くあるが、そのなかで仏教が人々の心のよるべとなるのは、〈慈悲〉の精神を説くからである。

現実の世界においては生きものが他の生きものを食うということが行なわれている。人間の世界でも、衝突や争いがあり、一人の人の幸運が、他の人の不快を買うというようなことも起こる。

それは事実である。だからこそ、心のもちようによって生き方を変えることのできる人間は、ますます少しでも、世の多くの人々、さらにひろく生きとし生けるものの幸せを望むということが願わしいのではなかろうか？

「いかなる生きもの生類《しょうるい》であっても、怯《おび》えているものでも強剛《きょうごう》なものでも、悉《ことごと》く、長いものでも、大きなものでも、中くらいのものでも、短いものでも、微細なものでも、粗大《そだい》なものでも、目に見えるものでも、見えないものでも、遠くに住むものでも、近くに住むものでも、すでに生まれたものでも、これから生まれようと欲するものでも、一切の生きとし生けるものは、幸せであれ」(1)

ここで「生きもの生類」(pāṇabhūtā) というのについては、伝統的に二つの解釈が存在する。第一の解釈は、pāṇa すなわち生物 (bhūta) と解する。端的に生きものだというのである。第二の解釈は、pāṇa とは、呼吸をなし、五つの気質 (vokāra) より成る生きものを意味し、bhūta とは、一つの気質より成り〔ないし〕四つの気質より成る生きものを意味する。(2)

どちらの解釈をとるにしても、趣意の上では大した相違はない。

慈悲の理想的なすがたは「母の慈悲」にたとえられる。

「あたかも、母が己《おの》が独《ひと》り子《ご》を命を賭《か》けても護るように、そのように一切の生きとし生けるものどもに対しても、無量の〔慈《いつく》しみの〕こころを起こすべし。

また全世界に対して無量の慈しみの意《こころ》を起こすべし。

上に、下に、また横に、障害なく、怨みなく、敵意なき〔慈しみを行なうべし〕。

立ちつつも、歩みつつも、坐しつつも、臥しつつも、眠らないでいる限りは、この〈慈しみの〉心づかいをしっかりとたもて。

この世では、この状態を崇高な境地と呼ぶ(3)」

「無量の」(aparimāṇa)というのは無量の生きものを、念ずる対象(よりどころ)とすることである、(4)と解釈されている。

「障害なく(5)」というのは、場所に関しても限界を設けることなく分け隔てをしないことである。

崇高な境地(brāhmaṃ vihāram)を漢訳では多くは「梵住」と訳す。(6)

「崇高な境地」(普通は brahmavihāra)として、後代の仏教では、慈、悲、喜、捨(＝心の平静)の四つを数える。それを「四梵住」という。ところが、ここでは「慈」についてのみ述べている。四梵住の観念のでき上る前の段階のものであることが解る。仏教ではまず「慈」を重んじていたのである。

前述の一連のことばを、特に「慈しみの経《いっく》」とよんで、南アジアのスリランカ、ミャンマー、タイなどでは、特別の機会に唱えるきまりとなっている。これらの国々では言語は異なっているけれども、抽象的概念を示す語はほぼ共通であるから、パーリ語でとなえていると、何となく解ってくるのである。そうして、心情的にその感化がひろがってゆく。

これらの国々の人々が貧しくて困窮していても、生活の上に心のゆとりがあり、静かな満足が見られるのはそのためであろう。

「生きとし生けるものに慈しみを及ぼす」というのは、単なる感傷的な心情の問題ではなくて、現代の世界にとっては緊迫した切実な問題となってきた。

人間の利己心が人間を取り巻く自然環境を破壊し、そのために人間自身が復讐を受けるようになり、人間の存在が脅かされるようになった。

よく考えてみると、「自然環境」という考え方や表現自体、自然を征服する人間のエゴイズムむき出しである。人間に恵んでくれる自然界の生きとし生けるものと共に生きる、という心持ちが大切なのではなかろうか。

ソーパーカ長老は、右の教えを次のようにまとめている。

「あたかも〔母が〕愛しきひとり児に対して善き婦人であるように、いたるところで一切の生きとし生けるものに対して、善き人であれかし(7)」

最初期の仏教では、他人に対し、さらにいっさいの生きとし生けるものに対して、慈悲を及ぼすべきことを強調した。

父母親族が、自分にしてくれるよりも以上の善を、他人のためにするようにつとめなければならぬ。

理想の修行者は次のようにたたえられている。

「かれは貪欲を離れ、憎悪を制し、無量の慈しみの心を起こして、日夜常に怠らず、無量の〔慈しみの〕心をあらゆる方角にみなぎらせる(8)」

この境地に達すると、万人を友とするのである。

「われは万人の友である。万人のなかまである。一切の生きとし生けるものの同情者である。慈しみの心を修めて、常に無傷害を楽しむ(9)」

この無傷害（アヒンサー）ということは、現代ではガンジーの非暴力による抵抗の運動の根本精神とされた。

「弱いものでも強いものでも〔あらゆる生きものに〕慈しみをもって接せよ。心の乱れを感ずるときには、『悪魔の仲間』であると思って、これを除き去れ(10)」

慈しみを心に思うことによって心が落ち着き平静となる。心が乱れていると慈悲の心は実現されがたい。

「〔われわれは〕すべて、尊き師（ブッダ）の子であり、ここにはむだなものはなにも存在しない。わたしは、〈太陽の裔にして、妄執の矢を打ち砕く人〉（ブッダ）を礼拝する(11)」

この詩句は、釈尊が大勢の修行僧たちに囲まれて坐っているのを見て、詩人として有名な修行僧ヴァンギーサが、その光景を称賛して説いたものであるという(12)。

「ここには、むだなものはなにも存在しない」という立言は、深い意味をもっていると思う。世の中には「碌でなし」「穀つぶし」と呼ばれるような無能な人と考えられる人々もいる。しかしそれらの人々が育ってゆくために、親はどれだけの苦労をしたであろうか。とても他人の推量想像のできないほどのものがあったにちがいない。子が育つのは、親の犠牲においてである。また身近な人々も非常な力添えをしたにちがいない。

そういう道理を考えると、人の存在ということ自体が尊いものである。

また人のつくった物品には、人の精魂がこもっている。むだなものというものは、一つも存在しないはずである。だから「もったいない」という気持ちが起るのである。こう考えると、すべてが生かされねばならぬことになる。

この慈悲の精神を徹底させると敵というものがなくなる。長老サーリプッタは次の詩句を説いた。

「それゆえに、自分の友にも敵にも〔平等に〕慈しみの修習をなすべきである。

慈しみの心をもって、〔全世界をあまねく〕充満すべきである。

それが、諸仏の教えである」

反対に生きものを傷つけることが、罪悪となるのである。

「一度生まれるもの〔胎生〕でも、二度生まれるもの〔卵生〕でも、この世で生きものを害し、生きものに対するあわれみ（dayā）のない人、――かれを賤しい人であると知れ」(13)

「一度生まれるもの」（ekaja）というのは胎生の動物で、「二度生まれるもの」（dija = skt. dvija）とは卵生のものをいう。卵生のものは一度卵として生まれ、次に孵化して小鳥となるからである。

ここでは、あわれみ（dayā）を重んじている。それは「慈愛」と訳してもよい。この見解によると、「鳥獣を殺すこと」はすべて善くない、悪なのである。仏教の説く不殺生は、人間を殺してはならぬということが第一であるが、理想としては生きものをすべて殺さぬことをいう。不殺生の思想はジャイナ教のみならず、バラモン教にも部分的に存し、叙事詩（*MBh*. XIII, 113, 5）においても説かれているが、仏教はそれを受けたのである。

そこで「武器を執《と》ること」が戒められている。

「殺そうと争闘する人々を見よ。武器を執って打とうとしたことから恐怖が生じたのである。わたくしがぞっとしてそれを厭《いと》い離れたその衝撃を宣《の》べよう。

水の少ないところにいる魚のように、人々が慄《ふる》えているのを見て、また人々が相互に抗争しているのを見て、わたくしに恐怖が起こった」(14)

武器（daṇḍa）というこの語の原義は「杖」である。われわれは「杖」というと老人がたよるステッキを連想するが、そうではなくて、「武器」一般のことであり、抽象的には「暴力」を意味する。

仏典の右のことばは、現代の世界状勢においても、非常に教えることの多いものではないだろうか。

一つの国が他国を脅すために武器を執ると、威嚇されたほうの他国も、脅威を感じてやはり武器を執る。報復が新たな報復を生じたというのが今世紀の世界状勢ではなかったか。

「思いを正しくして無量の慈しみを修する者があれば、

かれは執著の滅亡を見つつあるから、

幾多の束縛は微細となる。

悪心あることなく、たとい一匹の生きものにでも慈しむ者があれば、かれはそれによって善人となる。
こころに一切の生きとし生けるものをあわれみつつ、聖者は多くの功徳をつくる。
生きものに充ちみちた大地を征服して、馬祠、人祠、擲棒祠、ソーマ祠、無遮会の主催者として馳せ廻る聖王も、
慈しみにみちたこころをよく修めた人の一六分の一だにも値しない。
月光に対して群がる星くずのごとし。
〔他のものを〕殺すことなく、殺させることなく、勝つことなく、勝たせることなく、
一切の生きとし生けるものどもに慈しみのこころがあれば、
なんぴともかれに怨みをいだくことがない(15)」
偉大な帝王と仰がれていても、けっきょくは人殺しではないか。
慈悲の精神が最も尊いのである。

大乗仏教においては、慈悲が一層はっきりと定義づけられるようになった。

「仏心《ぶっしん》とは、大慈悲これなり。無縁《いつく》の慈しみをもって、もろもろの衆生《しゅじょう》を摂《せっ》するなり(16)」

「仏心とは大慈悲心である。無条件の慈しみをもってもろもろの生ける者たちをおさめ取られるのだ」というのである。


仏教詩人マートリチェータ（二世紀ころ）は、かれの讃仏歌である『百五十讃』ではとくに、

「あわれみ」（悲＝カルナー）を讃嘆している。

「この世の人々はだれも、区別なしに、煩悩に縛られている。ところが、あなたさまは、永いあいだ、あわれみのこころに縛られておられました。――この世の人々を煩悩から解き放つために[17]」

仏は慈悲心のゆえに、衆生をあわれんで、この世にとどまってくださる。それはわれわれを救うためである。仏は自由自在であるはずであるが、しかし慈悲心に縛られておられる。

「あなたさまは、このように〔この世の〕恐ろしさを知ってはおられましたけれども、永いあいだ生死流転のうちに引きとどめられておられました。

あなたさま（仏）と、大悲心と、どちらを先に第一にわたしは礼拝しましょうか？[18]」

慈悲の心は、日常の生活においても生かされねばならぬことである。

「あなたは、信頼されていなくても友となります。あなたは理由がなくても、親愛の情を示す者となります。あなたは永いつき合いのない人にも友となります。あなたは、身内のない人にも身内となります[19]」

これは、チベット訳を参照しながら原文から訳したのであるが、漢訳は、要旨を適切に表現している。

「怨〔敵〕にも親しきものにも悉く平等なり。縁なきものにも大悲を起こす。普く衆生界において、恒に真の善友となる」

わが国では、「怨親平等」ということは昔から、人生の修羅場においても失ってはならぬ心持ちだとされてきたが、それがここに表明されているのである。

慈悲行は苦難に堪える勇気を必要とする。

「なしがたい行為をなさずしては、得がたい境地は得られない。

だからこそ、あなたは、自分のことを顧みないで、ますます盛んに努力をなさいました[20]」

これは、『無量義経』徳行品の結びに「よくもろもろの勤めがたきを勤めたまえるに帰依したてまつる[21]」とあるのと同じ趣意である。

「あなたの慈悲は、むしろ他人を利するために偏えに善いことをしたのであって、自分の身《み》に対しては苛酷であったのです。

主よ！〔あなたの〕慈悲はただあなたに対してだけは、慈悲ならざるものでありました[22]」

自分に対してだけは慈悲でなかったというのである。

漢訳によると、

「常に利他行を修めて、かつて自利の心なし。

慈しみの念は衆生に遍く、己れには偏えに愛することなし[23]」

となっている。慈悲心の極致である。

慈悲心を具体化するためには、いろいろの思いやりが必要である。

その一端として、人々に後悔の念を起こさせてはならぬ、という思いやりを釈尊はもっておられた。

釈尊は、齢八〇にして生まれ故郷に向かって旅を続けたが、途中で鍛冶工の子チュンダの供養したときのこの料理に中毒して、ついにクシナーラーで亡くなるのであるが、釈尊はチュンダが「自分の差し上げた料理で中毒されたのだ」と思って、後悔し、悩むようなことがあってはいけない、という思いやりを示しておられる。

最後の旅路を記している『大パリニッバーナ経』(四・四二)には、次のように記されている。

「そこで尊師は若き人アーナンダに告げられた。

『誰かが、鍛冶工の子チュンダに後悔の念を起こさせるかもしれない、――〈友、チュンダよ。修行完成者はおまえの差し上げた最後のお供養の食物を食べてお亡くなりになったのだから、おまえには利益《りやく》がなく、おまえには功徳がない〉と言って。

アーナンダよ。鍛冶工の子チュンダの後悔の念は、このようにいってとり除かれねばならぬ。〈友よ。修行完成者は最後のお供養の食物を食べてお亡くなりになったのだから、おまえには利益があり、大いに功徳がある。友、チュンダよ。このことを、わたしは尊師からまのあたり聞き、うけたまわった、――この二つの供養の食物は、まさにひとしいみのり、まさにひとしい果報があり、他の供養の食物よりもはるかにすぐれた大いなる果報があり、はるかにすぐれた大いなる功徳がある。その二つとは何であるか？ 修行完成者が供養の食物を食べて無上の完全なさとりを達成したのと、および、〔このたびの〕供養の食物を食べて、煩悩の残りのないニルヴァーナの境地に入られたのとである。この二つの供養の食物は、まさにひとしいみのり、まさにひとしい果報があり、他の供養の食物よりもはるかにすぐれた大いなる果報があり、はるかにすぐれた大いなる功徳がある。鍛冶工の子である若き人チュンダは寿命をのばす業を積んだ。鍛冶工の子である若き人チュンダは容色をます業を積んだ。鍛冶工の子である若き人チュンダは幸福をます業を積んだ。鍛冶工の子である若き人チュンダは名声を増す業を積んだ。鍛冶工の子である若き人チュンダは天に生まれる業を積んだ。鍛冶工の子である若き人チュンダは支配権を獲得する業を積んだ〉と。

アーナンダよ。鍛冶工の子チュンダの後悔の念は、このようにいってとり除かれねばならぬ』と」

普通の人であったら、食《しょく》あたりするような料理を食べさせられたら、怒るであろう。ところが釈尊はそうではなかった。

釈尊は激しい腹痛に悩みながらも、チュンダの心中を思いやり、温かいことばを発せられたのである。

いたわりの心は、動物にまで及ぶべきである。あるとき釈尊は祇園精舎に住《とど》まっておられたが、ある日の朝に、托鉢のためにサーヴァッティー市に入ろうとしたが、そのとき多くの子どもたちが、サーヴァッティー市と祇園精舎との中間のところで、「幾匹もの魚を傷つけていた」(macchake bādhente) のを見た。その場景を見て、釈尊はかれら子どもたちに近づいて問うた――

「おまえたち、子どもたちよ。きみたちは苦しみを恐れるか？　苦しみは、きみたちにとって不快 (好ましからぬもの appiya) であるか？」

子どもたちは答えた、――

「そうです。尊師さま！　ぼくたちは苦しみを恐れます。苦しみは、ぼくたちにとって不快です」

　そこで釈尊は次の句（ウダーナ）を唱えて教えられた。

「もしも、苦しみが、そなたたちにとって不快なものであるならば、おおっぴらでも、こっそりでも、悪いことをしてはならない。

　もしもそなたたちが、悪い行ないをしようとし、またなすならば、たとい逃避しても、そなたたちが苦しみから離脱すること（mutti）はあり得ない[24]」

　このウダーナは一般的な教えであるが、右の具体的な事例はさもありなんと思われる。昔のインドでも、子どもたちが集まって魚や蟹などをいじめていたということは、充分にあり得た光景であろう。

　そうして釈尊は子どもたちにまで慈悲の精神を教えたのである。――「子どもたちよ。苦しみを受けることが嫌ならば、他の生きものに苦しみを与えるな」と。

　これは、今日いじめの問題にも通ずる緊要な教誡であると言うべきであろう。

（1）*Sn.* 146-147.

（2）*Pj.* p. 245, ll. 11f.

（3）*Sn.* 149-151.

（4）aparimāṇa-sattārammaṇa（*Pj.* I, p. 248, l. 16).

（5）asaṃbādhaṃ=saṃbādhavirahitaṃ, bhinnasīman ti vuttaṃ hoti, sīmā nāma paccatthiko vuccati, *Pj.* p. 248.

（6）=seṭṭha-vihāra（*Pj.* I, p. 251, l. 1）=mettājhānasati（I, p. 250）=mettābhāvanā (I, p. 250, l. 5) =

mettajjhānavihāra (I, p. 251, l. 11).

（7） *Therag*. 33.

（8） *Sn*. 507.

（9） *Therag*. 648.

（10） *Sn*. 967.

（11） *Therag*. 1237.

（12） *Spk*. III, p. 194.

（13） *Sn*. 117.

（14） *Sn*. 935-936. この教えは『義足経』巻下、維楼勒経（大正蔵、四巻一八八上以下）に相当する。武器を執って――attadaṇḍa. 'the armed hand'（Chalmers）; 'who has seized a stick'（Fausböll）. 衝撃 saṃvega とは、恐ろしくてぞっとするような衝撃である。'grief'（Fausböll）; 'agitated'（Chalmers）. 漢訳では、「厭離」と訳す（e. g. *Bodhisattvabhūmi*, p. 81, l. 5 ; p. 397, l. 13 に対する玄奘訳）。「抗争している」とは、互いに矛盾し、違い、さからっていることである。vyāruddhe（=viruddhe, *Pj*. p. 566）.

（15） *AN*. IV, pp. 150-151G.

（16）『観無量寿経』。

（17）『百五十讃』五八

（18）『百五十讃』五九

（19）『百五十讃』一一

（20） *Śatap*. 20.

（21） 大正蔵、九巻三八五中。

（22） *Śatap*. 64.

（23）『一百五十讃仏頌』大正蔵、三二巻七六〇上。
（24）*Ud.* V, 4, p. 51.

2 奉仕

仏教の理想は〈慈悲〉であるが、人々に対する温かな思いやりというものは、単に心の中で思っているだけでは慈悲にならない。それは実際の行為、奉仕の行に具現されねばならない。

「曠野《こうや》の旅の道連れのように、乏しき中からわかち与える人々は、死せる者どものうちにあって滅びない。これは永遠のことわりである(1)」

旅は楽しいものであり、旅情のなつかしさは、人を惹きつけ、心をなごませるものである。ふと旅に出たいという心にひかれるのは、人の心の常であろう。

しかし、それは美しい自然に恵まれ、温かい人情になごみ、安全な生活を保障されている日本人の考えることであって、大陸の旅はじつに荒漠としている。

インドやパキスタンの大部分の土地は、樹木に恵まれず、ポツンポツンと孤立した樹木がところどころに見えるだけで、多くは一面の荒れ野である。シルクロードといえばロマンチックに聞こえるが、実際は、樹木さえも見られぬ荒れた砂地が無限に続いているだけである。こういうところを旅すると、人は、自然からも、人間からも、捨て去られた己れの孤影を意識するだけである。

そういうすさまじい自然に抗してまでも、昔の巡礼者や商人はなお旅をした。圧倒的に残酷な自然もついにかれらを圧殺することができなかったところの、内なる強靱《きょうじん》なる使命感――がかれらを動かしていたのである。

文明の進歩した今日においては、曠野の旅というのは、過去の物語であると言えるかもしれない。

しかし虚飾を去って、自分の内を見つめてみよう。いかに財富あり権勢ある人でも、じつは曠野の中を独り寂しく旅をしているようなものではなかろうか。

人生においては、いつどのような災難が襲って来るのか、だれもわからない。人間個人は限られた存在であるが、襲い来るかもしれない災難は無限に多様であり、無限大の凶悪な力をもっている。孤独というよりも、暗い力に包まれている。われわれは、内なる可能性の視点から見ると、常に死に襲われているのである。

考えてみれば、人生は荒れ野の旅路のようなものである。いつ危難に襲われるかわからない。「旅は道連れ、世は情け」という。ながいながい曠野の旅において人をはぐくみ、人を力づけてくれるものは〈人の心〉である。乏しい中からわかち合って互いに助けて行こうではないか。

「死せるものどものあいだにあって滅びず」というのは、パーリ語で書かれた古代の解説によると――死んだ人々は、いくら多く飲食物や財産などを所有していたとしても、もはや「これはあの人にあげよう」「これはこの人にあげよう」といってわかち与えることができないように、吝《りん》嗇《しょく》な人々は、わかち与えることをしないから、死人と同じだ、というのである。

わかち与えることのできるものは、無限に多い。財産を与えるのは「財施」であり、知識や教えを授けるのは「法施」である。

何ももたない人でも快く人に会い、笑顔をもって語ることによって「和顔愛語」の喜びを与えることもできる。

貧窮に悩んでいる人でも、他人に何ものかを与えて奉仕することができる、すなわち布施行を実践することができるという理想は、『賢愚経』(2)の「貧女の一灯」の物語に典型的に示されていて、わが国においても、あまねく知られている。

あるとき、仏は、シラーヴァスティー国の祇園におられた。

そのとき、その国の中に一人の女人あり、ナンダー(Nandā 難陀)という。彼女は「貧窮孤独であり」、乞食して自活していた。ところで諸国の国王や、高官から庶民に至るまで、めいめいがそれぞれ仏および衆僧を供養するのを見て、心の中でひそかに思った、「わたしがこのように貧賤に生まれて来たのは、前世に作った悪業(宿罪)の報いなのであろう。すぐ近くには福田《ふくでん》(福を生ずる田。仏および衆僧)があるのに、その田にまく種子がないのだ」と。

やるせない思いに歯ぎしりし、「感傷」にさいなまれ、自ら情けなく思っていた。

「それでは歩きまわって、もの乞いをして、わずかの供養でもできるようにしましょう」と、日が暮れても、もの乞いを休まないで、続けていたところが、「ただ一銭」を得ることができた。

そこでその「一銭」(一つの銭貨)を持って油屋に行って、それでもって油を買おうとした。油屋の主人は問うた、「一銭で油を買うとしても、僅少だから何にもならないよ。いったいそれで何をしようとするのかね」。

ナンダー女は、心の中に思っていることを詳しく語った。

油屋の主人は憐愍《あわれ》んで、「それならば」と言って倍の油を与えてくれた。

ナンダー女は、その油を得て歓喜した。そこで一つの灯火をつくることができた。それを握って行って、仏や衆僧のましますし精舎に至り、世尊に奉上《たてまつ》り、仏の前に置かれている多数の灯火の中に置いて、自ら次のような誓願を立てた。

「わたくしはいま、貧窮でございますが、この小さな灯火を仏さまにお供養いたします。願わくは、この功徳をもって、わたくしは、未来の世には、智慧の照らしを得て、一切衆生の汚れや闇黒を滅し除くことができますように」

この誓いをなし終わって、彼女は仏を敬礼した。

そこで夜が終わりに近づき、夜がしらじらと明けるころには、精舎の多くの灯火はすべて油が尽きて滅びてしまっていた。ところがただナンダー女のささげた灯火だけは、油が燃え続けていた。

このとき仏の大弟子であるモッガラーナ（Moggallāna 目連）が日直にあたっていたが、暁になったのに気がついて、灯火をおおい隠すことによって消して廻っていたのである。ところがナンダー女のささげた一つの灯火だけは、独り燃えていて、あかあかとしており、油にひたした灯心は減らないで、新しい灯火のように燃えていた。そのありさまを見て心の中で次のように思った。「白日に、日が照っているのに灯火を燃やすのは、無益である。もったいない」と。

そこでこれを消して、夕暮になってからまた火をつけて燃やすことにしようと思った。そのとき、手をあげて、火をあおいで、この灯火を消そうとしたけれども、この灯火はもとどおりである。火が欠けることもないし、減ずることもない。こんどは衣であおいでみたが、灯光はいっこうに滅じない。

仏は、モッガラーナがナンダー女の灯火を消そうとつとめているのを見て、モッガラーナに語って言われた。

「この灯《ともしび》は、なんじら修行僧（声聞）たちの、手を加えることのできるものではない。その灯は四つの大海の水を注いでも、嵐の烈風をもってしても、消すことはできない。そのわけは、広く多くの人を救おうという大心を発《おこ》した人が布施した物であるからである」

原漢文では、次のように書かれている。

「まさになんじをして四大海水を注ぎ用《も》ってこれに灌ぎ、嵐風に随って吹くもまた滅することあたわず。しかるゆえんは、此はこれ、広く済《すく》う大心を発《おこ》す人の施すところのものなるがゆえなり」

そうして、老女ナンダーに予言された。

「そなたは、来世に二アサンケーヤ百劫という長い期間にわたって修行を続けて、〈灯光如来〉という名の仏になるであろう」

以上が有名な「貧者の一灯」の物語である。

無数に多くの灯火は消えたのに、ナンダー女の一灯のみは、なぜ消えなかったのか？　世間一般で行なわれている解釈は、その日の食にも困る貧乏暮らしの中から、せめてもと一灯をささげた老女の、まごころのゆえである、と解せられている。「富者の万灯よりも貧者の一灯」ということばは、その趣意にもとづいている。

ただ、『賢愚経』の作者は、この貧女の誓願は、「広く済う大心」、すなわち広大なる利他心にもとづいていると解したのである。

人々を救おうという〈大心〉のその大光明は、大海の水を注ごうとも、嵐の烈風をもってしても、消すことができない。――そうして人々のためになることをしようという誓願は、偉い人にばかりではなくて、貧窮なる人でも発《おこ》し得ると考えていたのである。

教団の内部では、修行僧たちのあいだで互いに奉仕、相互扶助が行なわれていた。次の話はその一例である。

あるときブッダはシラーヴァスティー国の祇園にましました。そのとき尊者アヌルッダ（阿那律陀 Anuruddha）もその近くの岩山に住していた。ある朝アヌルッダはシラーヴァスティー国に托鉢乞食したが、同じく尊者アーナンダが同様に托鉢乞食しているのに出会った。アヌルッダはアーナンダに向かって言った、「わたしの三衣はこのとおりボロボロになったが、誰かビク（比丘）たちにわたしのための衣を作ってもらいたいものだ」と。そこでアーナンダはもろもろのビクたちに会うごとに「あの山の中に行って尊者アヌルッダのために衣を作ってあげてくださ い」と言った。ビクたちはそのとおりにしたので、アヌルッダの衣ができ上った。

ときにアーナンダがそれぞれのビクの房《ぼう》を廻っているのを、ブッダが見つけて、「なぜ諸ビクを歴訪しているのか？」と尋ねた。アーナンダは答えた。

「わたしは、もろもろのビクに請うて尊者アヌルッダのために衣を作ってあげているのです」

するとブッダは言った。

「なぜ、わたしにもアヌルッダの衣を作らせないのか？」

アーナンダは答えた。

「では、どうか、そうなさってください」

そこでブッダはアーナンダを連れてその山中に至り、ビクたちの前に座を設けて、一緒になって、アヌルッダ尊者のために衣を作った。

そのとき衆中に大モッガラーナ尊者がいたが、ブッダはかれに告げて言った。

「われはよくアヌルッダのために衣を舒《の》べ張りて裁《た》ち、割截し、連綴して、これを縫合せん」

大モッガラーナはブッダに向かい合掌して言った。

「わたしもそのとおりのことをいたしましょう」

他のビクたちもそれに協力して、同じように裁縫をしたので、「一日にして尊者アヌルッダのために三衣を成しおわりぬ」という。

この仕事でブッダは疲れたらしい。

「われいま腰が痛み、小《すこ》しく自ら息《やす》まんと欲す」と言った。そこでウッタラーサンガ衣を四つにたたんで、床の上に敷き、サンガーティー衣（大衣）をたたんで枕とし、右脇を下にして臥し、足と足を相重ね、「光明想」をなして休息したという。(3)

ブッダはやさしい思いやりのある人であった。そうしてその思いやりを実行に移していた。またサンガ（教団）の人たちも互いに思いやりがあり、打ち解けていたことがわかる。ブッダが「腰が痛むから横にならせてもらうよ」というくだりは、臨場感をもってわれわれに迫って来る。

ブッダが生涯のうちで最も長く滞在したのは、シラーヴァスティー国（舎衛国）の祇園精舎であるが、ここの生活で特筆さるべきことは、ゴータマ・ブッダが、病臥していて誰も近づかないような修行僧を、看護したという話である。

玄奘三蔵はこの看病の伝説について次のように伝えている。

「給孤独園の東北にストゥーパがある。如来が病気の修行僧〔の体〕を洗われたところである。昔、如来が在世されたとき、病気の修行僧が苦しみながらただ一人住んでいた。如来が目にされて、

『なんじはどうして苦しんでいるのか。なんじはどうして一人でいるのか』

と問われると、

『わたしは生まれつき怠けもので、〔他人を〕看病するに耐えられませんでした。それでいま、病気にかかっても看病してくれる人がありません』

と答えた。如来はこのとき、哀れに思われて、

『善男子よ、わたしがいま、なんじを看《み》よう』

と告げられ、手で摩《さす》ると病苦はすっかり癒《い》えた。戸外に手助けして連れ出し、敷布団《ぶとん》を取り替え、如来が親《みずか》ら体を洗ってやり、新しい衣に着替えさせた。如来は修行僧に、

『自ら勤め励みなさい』

と話された。この教えを聞き恩に感じ、心も身も喜びにあふれた」(4)

その場所も解っているので、話も現実味を帯びている。

これは仏典の中に典拠のある話である。パーリ文律蔵(5)によると、場所は特定していないが、釈尊の時代にある修行僧が胃腸の病気を患い、仲間から捨てられたまま、大小便の中に埋もれて臥していた。釈尊は水をもって来させて、この病僧を入浴させて身体を洗ってやった。そうして言った、「修行僧らよ。わたしに仕えようと思う者は、病者を看護せよ(6)」

同様の趣旨の話をある漢訳仏典では、祇園で起こったこととして伝えている(7)。またパーリ文献では、釈尊がサーヴァッティー市で「身体が腐臭にまみれたティッサ長老」を看病し世話したが、やがて死んだという話を伝えている(8)。

他の経典によると、釈尊が王舎城のカーランダ竹林園にいたときに、同様のことがあったと伝

えている。(9)そこでも詩の文句として「設《たと》いわれおよび過去の諸仏に供養することあらんとも、われに施すことの福徳と、病〔人〕を瞻《み》る（看病する）とは、異なることなし」という。病人に看病することが、仏に奉仕することなのである。

おそらくゴータマ・ブッダが病める仲間を世話し看病するということは、祇園でもまた王舎城の竹林でもなされたことなのであろう。

「人々よ。わたくしの頭のうえに足をおけ(10)」

昔から聖賢とか高僧とか仰がれた人々は、自ら身をきよくし、世俗の汚れから離れることを尊しとする傾向があった。

しかし、身近なところに苦しみ悩んでいる人々がいるのに、自分だけが静寂の境地を楽しむということが、はたして願わしいことであろうか。

宗教の本質はむしろ、苦しんでいる人々のために奉仕することではないか——と、インドの仏教思想家シャーンティデーヴァ（六五〇—七五〇年ころ、漢訳では寂天《じゃくてん》）は考えた。

教義について論争したり、儀礼にこだわっているならば、仏教は見失われる。

仏道修行とは、人々に奉仕することに至って極まる。

「わたくしは、一切の人々のうちで、灯火を求めている人々のためには灯火となり、寝台を求めている人々のためには寝台となり、奴僕を求めている人々のためには奴僕となろう(11)」

仏を礼拝するということは、たんに儀礼の中にあるのではなくて、他人への奉仕のうちに存する。

「今日もろもろの如来を崇めるために、この世でわたくしは全身をもって奴僕となる。人々よ。わたくしの頭のうえに足をおけ。あるいは害せよ。世間の主（＝仏）よ、満足したまえ[12]」

そのためには自分の身を、できるだけつつましくしなければならない。

不幸に陥った人々、よるべのない人々、誓戒をまもっている人々にわかち与えて、〔自分は〕中庸の量だけを食べるべきである。三衣を別として〔その他のものを〕捨てるべきである[13]。

この世で一人でも貧困に苦しんでいる人がいるならば、それは仏の徳をきずつけることになる。

「もしも施与の完全な徳（ダーナ・パーラミター）が過去に世間の人々を貧困でないものとしても、今日また世間の人々が貧困であるならば、過去の救世者（＝仏）たちのそれ（＝施与の完全な徳）はいかにあるのであろうか。〔しからばいまだ真の『施与の完全な徳』とはなっていないのである[14]〕」

人々を助けるために、われわれは積極的に行動しよう。

「わたくしは身体で読もう。ことばを読むことに何の意義があろうか。治療法を読むだけならば、病める人にとって何の役に立とうか[15]」

宗教の教えを知っているというだけでは、何の意味もない。われわれの身体をもってする行為のどこかに具現されねばならない。

わが国では日蓮が『法華経』を心読するだけではなくて「色読せよ」（具体的なかたちで実践せよ）と説いた。こういう精神は、古来日本人のうちに生きていたと思われる。

シャーンティ・デーヴァの利他行の思想は、さかのぼると、大乗経典、特に『維摩経』のうちに哲学的に基礎づけられていると考えられる。

「もろびとの病いはわが病いである[16]」

『維摩経』（羅什訳）に、

「〈菩薩〉は衆生のためのゆえに生死に入る。生死あればすなわち病いあり。もし衆生が病いを離るるを得ば、すなわち菩薩はまた病むことなし。たとえば長者にただ一子あり、その子が病いを得れば、父母もまた病み、もし子の病いが癒ゆれば、父母もまた癒ゆるがごとし。菩薩もかくのごとし。もろもろの衆生において、これを愛すること子のごとし。衆生が病めば、菩薩も病む。衆生の病い癒ゆれば、菩薩もまた癒ゆ」

という。人の憂い苦しみをわが憂い苦しみとするのが大乗仏教の理想であった。

（1）SN. I, p. 18:『雑阿含経』第四八巻。
（2）『賢愚経』第三巻、第二〇話、貧女難陀品（大正蔵、四巻三七〇下—三七一下）。
（3）『中阿含経』第一九巻、長寿王品、迦絺那経第九（大正蔵、一巻五五一下—五五四下）。
（4）『大唐西域記』第六巻。水谷訳、一八六ページによる。
（5）*Vinaya*, Mahāvagga, VIII, 26, 3. I, p. 302. なおこれと関連ある説明としては、病人のことが Suttavibhanga, V, 4 (*Vinaya*, III, p. 143); Mahāvagga, VIII, 15, 7; VIII, 15, 13; VIII, 26, 1-6.
（6）yo bhikkhave maṃ upaṭṭhaheyya so gilānan upaṭṭhaheyya.
（7）『生経』第三巻、仏説比丘疾病経第二六（大正蔵、三巻八九中—九〇上）。
（8）*Dhammapadaṭṭhakathā*, vol. I (ed. by H. C. Norman, 1970), pp. 319-320.

(9) 『増一阿含経』第四〇巻（大正蔵、二巻七六六中―七六七中）。
(10) *Bodhic.* 6, 125.
(11) *Bodhic.* 3, 18.
(12) *Bodhic.* 6, 125.
(13) *Bodhic.* 5, 85.
(14) *Bodhic.* 5, 9.
(15) *Bodhic.* 5, 109.
(16) 『維摩経』文殊師利問疾品。

3 実践の尊重

人々のあり方はいろいろである。仏教によって道理に近づくのであるが、究極においては実践に努める人が最もすぐれているということを、『大般涅槃経』(南本)第一四巻(梵行品第二〇の二)では次のように順序を立てて段階的に述べている。(1)

「いかにして菩薩摩訶薩は人の尊卑を知るや？」という設問に対して次のように説いている。

第一に「人に二種あり。一つには信、二つには不信なり。まさに知るべし、信者はこれ善、不信者は名づけて善となさず」

仏の説かれた宇宙の理法・人生の道理を信ずる者が「善き人」なのである。けれどもこの「信ずる」ということは、社会性をもたなければならない。

第二に「また次に信ずる者に二種あり。一つはつねに僧坊に行き、二つは行かず。その往く者は善、その往かざる者は、名づけて善となさず」

　つまり信仰を共にする人々の集まりに属することが必要なのである。

　第三に「僧坊に行く者に、また二種あり。一つは礼拝し、二つは礼拝せず。……まさに知るべし、礼拝する者は善にして、礼拝せざる者は、名づけて善となさず」

　信仰がおのずから礼拝という形をとって身体の上に現われなければならないのである。

　第四に「その礼拝する者にまた二種あり。一つは法を聴き、二つは法を聴かず。……まさに知るべし、法を聴く者は善にして、法を聴かざる者は、名づけて善となさず」

　形式的に集会に参加しているだけでは不充分である。教えを聴聞して理解しようと努めるのでなければならない。

　第五に「その法を聴く者にまた二種あり。一つは至心に聴き、二つは至心に〔聴か〕ず。……至心に聴く者は、これをすなわち善と名づけ、至心に〔聴か〕ざる者は、名づけて善となさず」

　説法を聞く場合にも心が散漫であってはならない。心をこめて聞くのでなければならない。

　さらに細かな注意が要る。

　第六に「至心に法を聴く者にまた二種あり。一つは義を思い、二つは義を思わず。……義を思う者は善にして、義を思わざる者は、名づけて善となさず」

　説かれている教えの意義内容をしっかりと嚙みしめて理解することが必要である。

　第七に「義を思う者にまた二種あり。一つは説のごとくに行じ、二つは説のごとくに行ぜず。説のごとくに行ずる者は、これをすなわち善となし、説のごとくに行ぜざる者は、名づけて善となさず」

仏教の行きつくところは実行なのである。

いよいよ最後に極意が示される。

「説のごとく行ずる者にまた二種あり。一つは声聞たることを求めて、一切の苦悩の衆生を利安し、饒益《にょうやく》することあたわず。二つは無上大乗に回向して、多人を利益して安楽を得しむ。……菩薩まさに知るべし。よく多くの人を利し、安楽を得しむる者は、最上最善なり」

独りよがりの修行者になって満足していてはならない。多くの人々のためになることをしなければならない。

「多くの人を利し、安楽を得しむる者は、最上最善なり」

ということを説いているのである。ここに仏法を求めることの極意がある。


奉仕の行は、『法華経』提婆達多品に説かれていることであり、わが国の仏教者に深い感銘を与えた。

「法のためのゆえに、国位を捐捨《すて》て、政《まつりごと》を太子に委《まか》せ、鼓を撃って四方に宣令《せんりょう》して、法を求めたり、『誰れかよく、わがために大乗を説かんものなる。われはまさに身を終わるまで、供給《くきゅう》し走《はし》り使《つか》いすべし』と。時に仙人あり、来りて王にもうして言わく、『われ、大乗を有《たも》てり、妙法蓮華経と名づく。もしわれに違《たが》いたまわずば、まさにために宣説すべし』と。王は仙の言《ことば》を聞きて、歓喜《かんぎ》し、踊躍《ゆやく》し、すなわち仙人に随って、須《もと》むる所を供給して、菓《このみ》を採り、水を汲み、薪《たきぎ》を拾い、食《じき》を設け、ないし、身をもって牀座《じょうざ》となせしに、身心は倦《ものう》きことなかりしなり。時に奉《つ》事《か》うること千歳を経て、法のためのゆえに、精勤《しょうごん》し、給侍して、乏しき所なからしめたり」と。(2)


以上は羅什訳によって紹介したが、そのサンスクリット原本には、次のように説かれている。

「そのとき、〔国王であった〕わたしは、長男なる王子を王位につけて灌頂の儀式を行なって、四方に人を遣わして、すぐれた教えを求めることに努めていたが、鈴を鳴らして次のように布告させた――

『だれでもわたしにすぐれた教えを授け、その意義を説いてくれる人がいるならば、わたしはその人の奴隷となりたい』

と。そのとき一人の仙人がいたが、かれはわたしに次のように告げた――

『大王さま。〈正しい教えの白蓮華〉（＝法華経）という名の経典がありますが、それはすぐれた教えを説くものです。そこでもしもあなたが奴隷として仕えることを承諾されるならば、わたしはあなたにその教えをお聞かせしましょう』

そこで、わたしはその仙人のことばを聞いて、喜び、満足し、心躍り、歓喜し、悦び愉快となり、その仙人のもとに近づき、近づいてから申しました。

『奴隷がなすべき仕事を、わたしは、あなたのためにいたしましょう』

こうして、わたしは、その仙人の奴隷となることを承認して、草・木片・飲み水・球根・根・果実などを集める走り使いの奴隷の仕事をし、はては、わたしは門番にもなりました。昼間はこのような仕事をして、夜には寝ている仙人の寝台の脚をしっかりと支えました。しかしわたしは身体の疲労もなく、心の疲労もありませんでした。わたしがこのような仕事をしているうちに満千年が経《た》ったのです[3]」

全身全霊を投げ出して、何か人のためにしたときに、われわれは喜びを感ずることがある。そこに本当の歓喜がある。

仏教の利他の精神にもとづいて古代インドにおいて実際に利他奉仕の社会福祉事業が行なわれていたことは、旅行記、碑文、彫刻の表現などによって確かめられるのであるが、論書のうちにも述べられている。

たとえばマイトレーヤ・ナータに帰せられる『瑜伽師地論』戒品には次のように述べられている。

まずサンスクリット原文によって紹介しよう。

かれによると、在家者でも、出家者でも、まもり実践すべき戒めが三種類ある。それを三聚《さんじゅ》浄戒《じょうかい》と呼んでいる。原文ではただ「まとめて言うと三種類の戒め[4]」となっている。

第一に「つつしむ戒め」(saṃvara-śīlam)である。「摂律儀戒《しょうりつぎかい》」と訳されている。これは伝統的保守的仏教(小乗)の戒律である。

第二は「善いことを身に具現する戒め」(kuśala-dharma-saṃgrāhakaṃ śīlam)である。これは身・語・意にわたって一切の善をことごとく実行するのである。

第三は「人々のためになることを実行する戒め」(sattvārthakriyā-śīla) である。それは生きとし生ける者ども（特に人々）にあまねく利益を及ぼすことである。

図示すると、

第一の戒め――止悪門
第二の戒め――修善門
第三の戒め――勧善門

となる。

このうち第三の戒めとして人々に特に奉仕することを強調しているのである。(5)

「さて、求道者が、人々のためをはかる戒め (sattvānugrāhakaṃ śīlaṃ) とは何であるのか。それはまとめて言うと、一一のすがたがあると知るべきである。ではその一一のすがたとはいかなるものであるか。(6)

(一) 人々のために利益をもたらす種々のなすべきことがらにおいて協力者 (sahāya) となることである。また人々に次々と起こる病気などの苦しみにおいて、看病などをして協力者となるのである。

(二) 同様に世間ならびに出世間のことがらに関して、まず説法 (dharmadeśanā) をするとか、また何かの方便説を述べて、道理 (nyāya) を説示することである。

(三) また先に恩を施してくださった人々に対して恩を知る念を大切にして、それぞれの場合に相応した報恩（恩がえし pratyupakāra）を実現することである。

㈣　また獅子、虎、国王、盗賊、洪水、火災など、種々の恐怖に出会っている場合に、人々をそれから救護することである」

ここで、国王が盗賊などと並んで出て来るのが面白い。どちらも人間に危害を加えるものだから、というのである。

「㈤　財産を失い親族が死亡した場合に、憂いを除いてやることである。

㈥　生活のための資具をなくして窮乏している人々に対して、あらゆる生活の資具をもって来て、与えることである。

㈦〔求道者は〕道理に随順している。そうして正しい（完全な）よりどころを与えることによって、法にかなって衆を統御することである。

㈧　話しかけること、共に語り合うこと、慰めることによって、適当な時に近づきおもむくことにより、他人から食物・飲料などを受けとることにより、世間の利益に一致する活動により、呼び召されたときに来往することにより、まとめて言うならば、ためにならぬことをもたらし意に違う一切のことがらの現われるのを除去することと共に心がはたらくこと。

㈨　また隠密に、あるいは顕わに、真実の徳を顕示することによって、人々を喜ばせる。

㈩　内心では親愛の情をもち、大いに相手のためになるように、心がけているのではあるが、その心で制圧し、叱りつけ、あるいは処罰を行ない、あるいは追放する。それもけっきょくは、その人を、偏えに悪い境地から離脱して善い境地に安住させるためなのである。

㈡　また神通力によって地獄などの境遇を現にまのあたり示現することによって、悪から離れさせること、ブッダの教えに入らせるために、人々の心を引きつけ、満足させ、すばらしいという感嘆の心を起こさせることである」

仏教サンスクリットはなかなか難しい。いちおう訳出できたと思うが、次に参考のために、玄奘三蔵の訳を、原漢文の書き下しで紹介しておこう。

「いかんが菩薩《ぼさつ》の饒益有情戒《にょうやくうじょうかい》なる。まさに知《し》るべし、この戒《かい》には略して一一の相《そう》あり、と。何《なん》等《ら》か一一なる。㈠いわく、もろもろの菩薩は、もろもろの有情において、よく義利《ぎり》を引く彼彼《ひひ》の事業《じごう》に、与《ため》に助伴《じょばん》となる。もろもろの有情において、生起《しょうき》する所の疾病《しっぴょう》等に瞻侍《せんじ》しまた助伴《じょばん》となる。㈡またもろもろの菩薩は世《せ》・出世《しゅっせ》の種種《しゅじゅ》なる義利に依《よ》りてよく有情のためにもろもろの法要《ほうよう》を説《と》く。まず方便《ほうべん》して説き、まず理《り》のごとく説いて後に彼彼《ひひ》の義利《ぎり》を獲得《ぎゃくとく》せしむ。㈢またもろもろの菩薩は、先に恩あるもろもろの有情の所において善く知恩《ちおん》を守り、その応《おう》ずる所に随《したが》って、現前《げんぜん》に酬報《しゅうほう》す。㈣またもろもろの菩薩は、種種なる師子《しし》、虎狼《ころう》、鬼魅《きみ》、王賊《おうぞく》、水火《すいか》等の畏《おそ》れに堕《だ》するもろもろの有情の類《るい》において、皆《み》なよく救護《くご》し、是《かく》のごときもろもろの怖畏《ふい》の処《ところ》を離《はな》れしむ。㈤またもろもろの菩薩は、もろもろの財宝《ざいほう》、親属《しんぞく》を喪失《そうしつ》させるもろもろの有情類において、善くために開解《かいげ》して、愁憂《しゅうう》を離れしむ。㈥またもろもろの菩薩は、資生《ししょう》の衆具《しゅぐ》に匱乏《きぼう》することあるもろもろの有情類において、一切《いっさい》資生の衆具を施与《せよ》す。㈦またもろもろの菩薩は、道《どう》理《り》に随順《ずいじゅん》して正しく依止《えし》を与《あた》えて法《ほう》のごとく衆《しゅ》を御《ご》す。㈧またもろもろの菩薩は、世間の事務、言説《ごんぜつ》、呼召《こしょう》、去来《こらい》、談論《だんろん》、慶慰《きょうい》、時に随って往赴《おうふ》し、他より飲食《おんじき》を受取《じゅしゅ》する等の事に随順す。

要《よう》をもってこれを言《い》わば、一切のよく無義《むぎ》を引き意《こころ》に違《い》する現行《げんぎょう》を遠離《おんり》し、所余《そのよ》の事において心皆《こころみ》な随転《ずいてん》するなり。㈨またもろもろの菩薩はもしくは陰《ひそか》に、もしくは露《あらわ》に、所有《あらゆ》る真実《しんじつ》の功《く》徳《どく》を顕示《けんじ》して、もろもろの有情をして歓言《かんごん》し進学《しんがく》せしむ。㈩またもろもろの菩薩は、過《とが》ある者《もの》において、内《うち》に親昵《しんじつ》、利益《りやく》、安楽《あんらく》の増上《ぞうじょう》なる意楽《いぎょう》を懐《いだ》きつつ、調伏《ちょうぶく》し、訶責《かしゃく》し、治罰《ちばつ》し、駈擯《くひん》す。そをして不善処《ふぜんしょ》を出《い》で善処に安置《あんち》せしめんと欲《ほっ》するがためなり。㈪またもろもろの菩薩は神通力《じんつうりき》をもって方便して那落迦《ならか》等の諸趣《しょしゅ》等の相《そう》を示現《じげん》し、もろもろの有情をして不善《ふぜん》を厭離《おんり》せしめ、方便もて引いて仏の聖教《しょうぎょう》に入り、歓喜《かんぎ》し、信楽《しんぎょう》し、稀有《けう》の心を生《しょう》じ、勤《つと》めて正行《しょうぎょう》を修《しゅう》せしむ[7]」

伝統的保守的仏教（小乗）の説く論理は、どちらかというと、〈悪をなすなかれ〉という禁止的な個条が多かったが、これに対して、〈人々のためになることを実行する〉という理想は、大乗仏教において特に強調されるようになった。

（1）大正蔵、一二巻六九四中。
（2）『法華経』提婆達多品第一二、大正蔵、九巻三四中―下。
（3）*SaddhP*. XI, p. 220, ll. 11-25.
（4）śīlaṃ samāsatas trividham, *Bodhisattvabhūmi*, ed. by Wogihara, p. 138, l. 22.
（5）*Bodhisattvabhūmi*, p. 140.
（6）cf. *Bodhisattvabhūmi*, p. 194, l. 24.
（7）『瑜伽師地論』巻四〇、大正蔵、三〇巻五一一中―下。

4　廻向

人のためをはかり、人のために尽くすという仏教の心の表現としてよく知られている一つのことは、廻向《えこう》（pariṇāmanā）ということである。

それは何らかの善いこと、功徳を人々のためにふりむけるという意味である。直訳すると、それは「心の転換」といってもよいであろう。心を人々のために、さらに生きとし生ける者どものために、廻《めぐ》らし向けることである。

わが国では法要の終わりに、勤行が終わったところで、多くの宗派では、「願以此功徳、普及於一切、我等与衆生、皆共成仏道」ととなえる。これは『法華経』化城喩品の偈頌であり、国訳すると、次のように読むことができる。

「願わくは、この功徳をもって、普く一切に及ぼし、われらと衆生と、皆、共に仏道を成ぜん(1)」

これは廻向文《えこうもん》といわれる。普廻向文《ふえこうもん》ともいう。

もともと経典を読誦することを、サンスクリット語でsvādhyāyaといい、もとはバラモンたちがヴェーダ聖典を声を立てて読誦することであった。かれらはヴェーダ聖典を暗誦している。この習わしが仏教にもとり入れられ、svādhyāyaともいうが、仏教ではさらにはsvādhyāyanaともいう。いずれにしてもsva（自ら）、すなわち自分で読み誦《とな》え、習うことである。

右の『法華経』の文句の本《もと》の意味は、自分が行ずる善根功徳を廻らして、仏道修行の完成を期したいという願いであった。ところがわが国では一般の法要の場合には少しく転化した趣意でとなえられている。この場合には、念誦《ねんじゅ》、諷経《ふぎん》の功徳を廻らし、ふりむけて亡霊の安からんことを念ずるのである。

ところで廻向することを具象的な表現として「手向《たむ》け」という。それは、供え物をして、亡き人の冥福を祈るという趣意を含意している。世間でも、手向けの水、手向け花などのことばを用いるようになった。

さて前掲の廻向文のサンスクリット原文は次のごとくである。

「導いて下さるお方さま。われらに憐れみを垂れて、〔われらのささげるものを〕お受けください。

われらも、一切の生きとし生ける者どもも、最上のさとりに（agrāṃ bodhim）達したいものです[2]」

これの漢訳文が「普廻向文」としてわが国の諸宗派で、法要のときに用いられているのである。右に見られるように、「普く一切に及ぼす」に相当する句は、現存サンスクリット原文には見当たらないから、訳者クマーラジーヴァ（鳩摩羅什《くまらじゅう》）の付加なのであろう。漢訳者はここに、利他的な、あるいは自他融合的な精神を読み込んだのであろうと考えられる。

その精神がわが国の法要に生かされて、自分の親や祖先のための供養として読経するのは、じつは一切の衆生が救われることを念ずるわけであり、その功徳が自分の親や祖先のためになると考えているのである。

廻向するということは、仏教の法事や儀式のときに、終わりのほうになってよく言われることであるから、どなたでもご存知のことであろうと思う。その原義は前述したとおりである。

この思想とそれを写した文言が、浄土教においては少しく改められたかたちで伝えられることになった。

唐の善導（六一三―六八一）の、『観無量寿仏経疏』（略して『観経疏』という）の第一巻（『観経玄義分』第一巻）の偈では、

「願《がん》以《に》此《し》功徳《くどく》、平等《びょうどう》施《せ》一切《いっさい》、同《どう》発《ほつ》菩提心《ぼだいしん》、往生安楽国《おうじょうあんらくこく》」という。

国訳して「願わくは此の功徳をもって、平等に一切に施し、同じく菩提心を発し、安楽国に往生せん」という。(3)

浄土宗でも真宗でもこの句を用いる。

わが国では、ときには『法華経』の偈とこの善導の偈とを組み合わせて、

「願以此功徳、普及於一切、我等与衆生、往生安楽国」

という文言につくりなおしたものもみられる。

いずれにしても趣旨は同じである。

自分ひとりだけが極楽浄土に行きたいというのではない。みな共におもむきたいというのである。

すでに『阿弥陀経』の中に「倶会一処《くえいっしょ》」（死後にも共に同じところに生まれ、同じところで出会いたい）という願いが表現されているが、その精神を受けているのだとも言えるであろう。

これを現在の社会生活にあてはめて言うならば、自分だけの幸福を願って仏に祈るのは利己的なわがままな行為であり、これに対して自分が進んで他の人々のために苦しみを共にし、他人の幸せを念ずるということが願わしい境地であるということになる。

（1）『法華経』化城喩品第七、大正蔵、九巻二四下。
（2）*SaddhP*. VII, v. 57, p. 158, ll. 26-27.
（3）大正蔵、三七巻二四六上。

第四章　世に生きる

1　世に生きる

世に生きるとは、多くの人々とのあいだにあって、間柄《あいだがら》をたもちながら生きることである。絶えず他人のことを気にせねばならぬ。しかしそういう状況においても、「おのれを守る」ということが必要である。

最初期の仏教の修行者は、おのれを守り、毅然として生きるということを心がけていた。

「罵らず、害なわず、戒律に関しておのれを守り、食事に関して〔適当な〕量を知り、淋しいところにひとり臥し、坐し、心に関することにつとめはげむ。――これがもろもろのブッダの教えである(1)」

「ひとり臥し」とは、人々を離れて淋しいところに孤独で臥すことである(2)。

「もろもろのブッダ」というのは、当時の用語法としては、「もろもろの賢者」、つまり道を求め実践している人々を意味していたのであった。

他の人がひどい仕打ちをしたからといって、カッとなってのぼせ上ってはならない。

「粗暴になることなく、きまりにしたがって、公正なしかたで他人を導く人は、正義を守る人であり、道を実践する人であり、聡明な人であるといわれる[3]」

右で述べられている心がまえは、会社などで責任ある地位にある人が、部下などを導くのに必要なことではなかろうか。

世間においてひとかどの地位をえて、家庭においても親たり兄姉たる立場に立つと、どうしても教示をなすことが多くなる。しかし口に説くだけでは、だめである。

「多く説くからといって、そのゆえにかれが道を実践している人なのではない。たとい教えを聞くことが少なくても、身をもって真理を見る人、怠って道からはずれることのない人――かれこそ道を実践している人である[4]」

「身をもって真理を見る[5]」という句を、漢訳『法句経』奉持品（大正蔵、四巻五六八下）には「身依法行」と訳している。

「怠って道からはずれることのない人[6]」というのは、パーリ文註解には「法に従って、主な法、付随的な法を実践する者となって、身体によって苦などの四諦の法を熟知する[7]」と説明している。

総じてアジアの国々では年齢が尊重され、年長者が尊敬される。西洋の国々でも先任順(seniority) ということが物を言う。しかしただ漫然と年をとったというだけでは意味がない。

「頭髪が白くなったからといって〈長老〉なのではない。ただ年をとっただけならば『空《むな》しく老いぼれた人』と言われる。

誠あり、徳あり、慈しみがあって、傷《そこな》わず、つつしみあり、みずからととのえ、汚れを除き、気をつけている人こそ〈長老〉と呼ばれる(8)」

年長けた人は、それまでの仕事について反省すると、成功したことも多いであろうが、また失敗した経験もいろいろあるはずである。その経験を生かして、他の人々のことを心にかけて、同情し、みずからは控え目にしている人――そういう人が願わしい。それでこそ「敬老」を受けるに値するのである。

宗教家も外見だけであってはならない。インドで仏教が興った当時の宗教者は、遍歴托鉢によって暮らしていたが、外面だけそのようなすがたをしているのでは、真の宗教者とはいえない。

「他人に食を乞うからといって、それだけでは〈托鉢僧〉なのではない。汚らわしい行ないをしているならば、それでは〈托鉢僧〉ではない(9)」

「汚らわしい行ない(10)」を漢訳『法句経』奉持品では「邪行婬彼」と訳している(11)。

本当に人間のできた人は、深い湖のように澄んで清らかである。

「深い湖が、澄んで、清らかであるように、賢者は真理を聞いて、こころ清らかである(12)」

人生の経験を積んで、理想を実現しつつある人のすがたは、どのようなものであろうか？

「高尚な人々は、どこにいても、執著することがない。快楽を欲してしゃべることがない。楽しいことに遇っても、苦しいことに遇っても、賢者は動ずる色がない(13)」

「高尚な人々」(sappurisa) とは、『法句経』には「大人」と訳す。シナの「大人」の理想に近いと考えていたのである。

「動ずる色がない[14]」とは心が高ぶることもなく、沈むこともない。ブッダゴーサの註解によると「満足したり恥じたりして、あるいは賞讃されたり非難されたりしたために、いろいろな相を示すことはない[15]」


考えてみると、人生においてはいろいろのことに遭遇する。しかし幸福に遇っても、苦しみに遇っても、心が浮かぶこともなく、また沈むこともない。自分に好都合なことばかり起こるように、と望むのは身勝手である。快いこともあれば、不快なことも起こるはずである。すべて種々なる因縁の致すところであると、静かにありがたくいただこう。

昔の方々が「自然法爾《じねんほうに》」と説かれたのも、この境地であろう。

（1） *Dhp*. 185.
（2） pantan ti vivitaṃ（*DhpA.*）.
（3） *Dhp*. 257.
（4） *Dhp*. 259.
（5） dhammaṃ kāyena passati.
（6） yo dhammaṃ nappamajjati.
（7） dhammaṃ anvāya dhammānu-dhammapaṭipanno hutvā nāma kāyena dukkhādīni parijānanto catusaccadhammaṃ passati.（*DhpA*. III, p. 386）と説明している。

（8）*Dhp*. 260-261.
（9）*Dhp*. 266.
（10）vissaṃ dhammaṃ samādāya.
（11）大正蔵、四巻五六九上。
（12）*Dhp*. 82.
（13）*Dhp*. 83.
（14）na uccāvacaṃ.....dassayanti.
（15）*DhpA*. II, p. 157.

2　楽しみ

人生にはいろいろ辛《つら》いことがある。自分が嫌い、また自分を嫌う人に始終出会うではないか。しかしこれを避ける方法があるのであろうか？

「怨みをいだいている人々のあいだにあって怨むことなく、われらは大いに楽しく生きよう。怨みをもっている人々のあいだにあって怨むことなく、われらは暮らしていこう(1)」

人生の楽しみといっても所詮は、一時的で消え失せるものである。誰にでも与えられる楽しみ、すなわち社会的地位とか、財産とか、交友関係とは無関係に、誰にでも与えられる楽しみとは、こちらに怨みをもつ人々のあいだにいながら、しかも自分は怨むことなしに生きることである。

社会的に活動しているならば、誰からも敵意をもたれないということは、あり得ないであろう。しかもその中で生きていく楽しみに気づかせてくれる。

特に世の中では物を貪《むさぼ》る人々ととかく衝突することがある。しかし、「貪っている人々のあいだにあって、患いなく、大いに楽しく生きよう。貪っている人々のあいだにあって、貪らないで暮らそう(2)」

人が貪っているから、贅沢《ぜいたく》をしているから、といって、自分もそれに対抗しようとすると、自分も物欲のとりこになってしまう。自分の能力や立場を知って欲望をほどほどにおさえるならば、わずかなものの中にも楽しみを見出すことができる。

自分の行くべき道を見出せばよい。そうすれば、つまらぬことで人と張り合ったり、争うということもなくなるであろう。

「勝利からは怨みが起こる。敗れた人は苦しんで臥す。勝敗をすてて、やすらぎに帰した人は、安らかに臥す(3)」

こころの持ち方のいかんによっては、わが身が苦しみのもととなる。

「愛欲にひとしい火は存在しない。ばくちに負けるとしても、憎悪にひとしい不運は存在しない。このかりそめの身にひとしい苦しみは存在しない。やすらぎにまさる楽しみは存在しない(4)」

ここで「愛欲」(rāga) と訳した語は、「貪り」「執著」「激情」などとも訳してよい。執著にとらわれて心がくしゃくしゃすることが苦しみのもとである。

そのくしゃくしゃした気持ちのなくなることがやすらぎ santi (=śānti) である。

漢訳『法句経』には「滅」と訳しているが、語義は静まることである。「平和」という観念を、現代のサンスクリットその他インドの諸言語に訳すときには śānti という語を用いる。そこで

「やすらぎ」と訳してみた。パーリ文註解によるとニルヴァーナ（涅槃 nibbāna）のことである。ニルヴァーナとはこころのやすらぎのことである。

人が、限られた存在である自分自身を省みると、そこに苦しみが見出される。不思議なことである。

「健康は最高の利得であり、満足は最上の宝であり、ニルヴァーナは最上の楽しみである(5)」

世間の人々一般について言えることであるが、無病（わずらいのないこと）は、この上なきしあわせである。足るを知るということはこの上なき財である。さらに、なかなか得がたいことではあるが、人を信頼して得るならばそれは親族にも比ぶべき最上の知己である。あるいは親族以上、と言うべきかもしれない。そういう反省とともに心のやすらぎを得たならば、それは人間にとって最上の楽しみである。この境地は、お金をかけないでも、人が楽しむことができる。

「孤独《ひとりい》の味、心の安らいの味をあじわったならば、恐れもなく、罪過《つみとが》もなくなる、――真理の味をあじわいながら(6)」

「真理を喜ぶ人は、心きよらかに澄んで、安らかに臥《ふ》す。聖者の説きたもうた真理を、賢者はつねに楽しむ(7)」

真理とは、人間の真実のことである。人間の真実は、じつは誰でも見出すことができる。これはありがたいことである。その真実に心を向けることによって、人々の協力が可能となるのである。

以上は主として、有名な聖典である『ダンマパダ』(『法句経』)をたよりにして述べた。これは単純な教えである。しかし単純な、素朴な教えの奥に、深い意味が蔵せられている。

人は年老いて、晩年に至ると、「自分の一生はこれでよかったのかな」と、ふと回顧するようになる。

人間の力は微々たるものであり、一生かかっても大したことはできない。哀れな存在である。しかしその微々たる人間が、悔いることのない一生を送ることができたならば、それなりに楽しいことではないか。

「老いた日に至るまで戒めをたもつことは楽しい。信仰が確立していることは楽しい。明らかな智慧を体得することは楽しい。もろもろの悪事をなさないことは楽しい」(8)

「信仰」(saddhā)とは、漢訳『法句経』に「信正」とあるように、正しいことを信ずるのである。それは正信とも呼ばれる。これが仏教における「信」の特質である。わけのわからぬ偏見にみちた教義を固執することではない。

「楽しい」(sukha)と訳した語は、「幸」(しあわせ、さいわい)と訳すこともできる。

釈尊は、ネパールとインドとの境界のあたりにある生まれ故郷、カピラヴァストゥに向かって最後の旅に出られたのであるが、途中で長途の旅路に疲れを感じておられた。しかしそこにははっきりとした人生の自覚があった。

「アーナンダよ。わたしはもう老い朽ち、齢をかさね老衰し、人生の旅路を通り過ぎ、老齢に達した。わが齢は八〇となった。譬えば古ぼけた車が革紐の助けによってやっと動いて行くように、恐らくわたしの身体も革紐の助けによってもっているのだ。

しかし、向上につとめた人が一切の相をこころにとどめることなく一部の感受を滅ぼしたことによって、相のない心の統一に入ってとどまるとき、そのとき、かれの身体は健全（快適）なのである(9)」

身はいかに老いさらばえていても、なお健全な境地をたもっているのである。

その境地から振り返って回顧すると、変転常なき世の中に楽しさを見出すことができる。

「アーナンダよ。かつてある時、わたしはヴェーサーリーにおいてウデーナ霊樹のもとにとどまっていた。アーナンダよ。そこでもわたしはお前に次のように言った、――『アーナンダよ。ヴェーサーリーは楽しい、ウデーナ霊樹は楽しい(10)』」

（1）*Dhp*. 197.
（2）*Dhp*. 199.
（3）*Dhp*. 201.
（4）*Dhp*. 202.
（5）*Dhp*. 204.
（6）*Dhp*. 205.
（7）*Dhp*. 79.
（8）*Dhp*. 333.
（9）MPS. II, 25 ; *DN*. II, p. 100.

(10) MPS. III, 45 ; *DN*. II, p. 117.

3 人生の幸福

人間はただ長生きするだけが能ではない。人間として願わしい生活を送るのでなければならない。

「かれは邪まな生活を棄て去って、偏らず、清く、正しく生を営んだ(1)」

と言われるような生活が理想であった。

わたしたちはどのように生きたらいいのか、ということを教えてくれるものが仏教であるが、では仏教は具体的にわたしたちにとって〈幸福〉とはどんなものだと教えているのであろうか。仏教の具体的な幸福論は、「こよなき幸せ」と題する一連の詩句に説かれている(『スッタニパータ』二五八―二六九(2))。

この短い一節は、〈人生の幸福とは何か〉をまとめて述べている。いわば釈尊の幸福論である。この一連の詩句は、「大いなる幸せを説いた経」(Mahāmaṅgala-sutta) と呼ばれ、南アジアではよく読誦されている。

以下の一節では、ある神が釈尊(=ゴータマ・ブッダ)と幸福について対話することになっている。ある神は釈尊にまず、こうたずねる。

「多くの神々と人間とは、幸福を望み、幸せを思っています。最上の幸福を説いてください(3)」

幸せ (maṅgala) とは人に成功繁栄をもたらす祝福願望のことばをいう(4)。

これに対して、釈尊は次のように教えたという。

「もろもろの愚者に親しまないで、もろもろの賢者に親しみ、尊敬すべき人々を尊敬すること、——これがこよなき幸せである(5)」

愚かな者には親しみ近づかぬがよい。

賢き人々に近づき親しむがよい。

仕えるべき人々に仕えるのがよい。

これが人間の最上の幸福である、というのである。

愚者に親しまないで賢者に親しむというのは、次のように考えられる。人間の理に気づかない人が愚者なのであり、理を知って体得している人が賢者なのである。金儲けだけはうまくても、自分のもっている財産をふやすことに汲々として夜も安眠できないというような人は、いくら頭がよくても愚者であるといわねばならぬ。また、知識に乏しく、計算が下手で才覚がなくても、心の安住している人は賢者なのである。

「適当な場所に住み、あらかじめ功徳《くどく》を積んでいて、みずからは正しい誓願《せいがん》を起こしていること、——これがこよなき幸せである(6)」

すなわち、

よい環境に住むのがよい。

いつも功徳をつむことを思え。

また、みずから正しき誓願を立てるのがよい。

これが人間としての最上の幸福である、というのである。

古代インドでは修行僧は市街から遠からず近からざるところに住むべきものとされていた。都市の中心部は、雑踏でざわざわしているから修行には好ましくない。またあまり町から離れていると、生活がやりにくくなる。特に当時の修行僧（ビク）は托鉢によって生活していたから人里離れた深山幽谷に住むことはできなかったのである。そこで、町から遠からず近からず、閑静で空気のよいところを求めたのであった。

ところで、これを現代にあてはめると、このような生活は困難であるように思われる。都市の喧噪の中に住まわねばならぬ人も多いであろう。しかし、みずからの主体的な心のもち方により、喧噪や誘惑はないのと同様になることも可能である。工場で始終機械の運転を耳に聞き、あるいは鉄道のそばで列車の音を聞きつけている人には、騒音がそれほど気にならない。どの駅の近くにも飲み屋やパチンコ屋があるが、それらに近づかなければ、そんなものはないのと同じである。

「みずからは正しい誓願を起こす」というのは、これこそ人生に喜びと確信を与えるものである。高らかな誓願を立てていれば、挫折に屈することもないし、気のめいることもない。他人からとやかく悪口を言われても、誓願をもっている人なら、蚊のなくほどにも気にとめないであろう。いかなる困難も誓願のまえには無にひとしいのである。

「深い学識があり、技術を身につけ、身をつつしむことをよく学び、ことばがみごとであること――これがこよなき幸せである」[7]

「ことばがみごとであること」というのは、立て板に水というようにしゃべりまくることではなくて、相手をおそれないで、思っていることが自由に口をついて出てくることである。この態度は仏教では常に尊ばれた。

現実に社会人として生きていくためには、ぼんやり暮らしているのであってはならない。常に新しい知識を得るように心がけ、日進月歩の技術を体得し、みずから自己を訓練し、向上につとめなければならない。そこで〈深い学識があり、技術と訓練をよく学び受ける〉ということが尊ばれるのである（のちの大乗仏教になると、「六度」という徳目を説くが、その最後の「智慧」とは、世俗の技術や学問に通じていることをも意味するのである）。

「父母につかえること、妻子を愛し護《まも》ること、仕事に秩序あり混乱せぬこと――これがこよなき幸せである」(8)

すなわち、「父と母とに孝養をつくし、妻と子をたすけ養い、濁りなき生業《なりわい》に従う」ことが、人生における最上の幸福であるというのである。

「父母につかえること、妻子を愛し護ること」と説かれているように、家庭の幸福はもっとも身近な幸福である。それは降って湧いてくる幸福ではなくて、育てはぐくむことによって現われてくるものである。

「仕事に秩序あり混乱せぬこと」というのは、職業人にとって本質的なことである。生活の軸であり生きる糧でもある仕事を、毎日狂いなく行なうことが大切である。生きがいを手にするためには欠くことができない。

機械文明の進んだ現代においては、この教えの必要性が痛切に感ぜられる。

「施与《せよ》と、理法にかなった行ないと、親族を愛し譲ることと、非難を受けない行為、——これがこよなき幸せである(9)」

施与というのは、贈与と言いかえてもよい。物質的なものであってもよいし、精神的、無形のものであってもかまわないが、他の人々に何ものかを与えることによって、人々を助けることができるのである。〝自分のものだ〟と言ってにぎりしめるのではなく、他人に何かを与えるところに人生の深い喜びがあるのではないだろうか。

「悪をやめ、悪を離れ、飲酒をつつしみ、徳行をゆるがせにしないこと、——これがこよなき幸せである(10)」

「飲酒をつつしみ」というのは原文では「酒を飲むことから身を制する」となっている。英訳者は「誓って酒を断つ」(forswearing drink, Chalmers) という意味にとっている。インドは暑い国なのでこの点を特に戒めたのであろう。暑い国では酒の害がよけいに身にこたえる。

「尊敬と謙遜と満足と感謝と〔適当な〕時に教えを聞くこと、——これがこよなき幸せである(11)」

すなわち、

他人をうやまい、自らへりくだり、足るを知って、他人から与えられた恩をおもい、時どき教法《おしえ》をきくのがよい。これが人間としての最上の幸福である、というのである。

「満足」(santuṭṭhi) というのとまえに述べた「誓願をたてること」(*Sn.* 260) とは表裏の関係

にある。人は大きな志を立てると、くだらぬことで不満を訴えることはなくなってしまう。感謝（kataññutā）というのは、その直接の語義は「他人からなされたことを感じ知る」ということで、漢訳では「知恩」とも訳される。それは、お互いに精神的な喜びを与えあうものである。どこの国の人にもこの気持ちは共通で、日本人は「ありがとうございます」と言い、朝鮮の人は「カムサ」と言う。これは〝感謝〟の発音を写して言うのである。ベトナムの人は「カンノン」と言うが、これも〝感恩〟の音を写して言うのである。

「耐え忍ぶこと、ことばのやさしいこと、もろもろの〈道の人〉に会うこと、適当な時に理法についての教えを聞くこと、――これがこよなき幸せである」(12)

ここで「もろもろの道の人に会う」ということを説いているが、道の人（samaṇa）とは、漢字で〝沙門〟と音訳するが、諸宗教を通じての出家修行者をいう。徳行の高い人に会えばおのずから自分が高められるから、そのことが勧められているのである。

「適当な時に理法についての教えを聞く」というのは、適当な時に仏教の教えを聞くという意味である。

古代のインド人や現代の南アジアの人々は、陰暦の半月の第八日および第一五日に寺院に参詣して教えを聞くが、そのようなことをいったものである。現代の生活では、読書をしたり講演会に行ったりテレビで講話を聞くなどということがこれに当てはまるであろう。

「修養と、清らかな行ないと、聖なる真理を見ること、安らぎ（ニルヴァーナ）を体得すること、

――これがこよなき幸せである」[13]

「修養」の原語tapoは、一般に「苦行」と訳されるが、しかし仏教では身の毛もよだつような苦行、荒行を勧めているのではないから、便宜上「修養」と訳してみた。ブッダゴーサは「煩悩を焼きつくすこと」だと解している。[14]

世俗の生活をしている人が、そのままでニルヴァーナを体得できるかどうかということは、原始仏教においての大きな問題であったが、『スッタニパータ』のこの一連の詩句からみると、世俗の人が出家してニルヴァーナを体得するのではなくて、世俗の生活のままでニルヴァーナに達しうると考えていたことがわかる（しかし、のちに教団が発達すると、このような見解は教団一般には採用されなかった）。

「世俗のことがらに触れても、その人のこころが動揺せず、憂いなく、汚れを離れ、安穏《あんのん》であること、――これがこよなき幸せである」[15]

世俗のことがら（lokadhammā）とは、利得、不利得、名声、不名声、賞讃、譏り、楽、苦の八つをいう。

「世俗のことがらに触れても、その人の心が動揺せず」ということは、志を固くもって誘惑に負けないことである。

安穏であること（khemaṃ）[16]とは、今日の語でいえば、「安全」である。

「これらのことを行なうならば、いかなることに関しても敗《やぶ》れることがない。あらゆることについて幸福に達する。――これがかれらにとってこよなき幸せである」[17]

幸福の原語はsotthi（良くあること、の意）である。ここに述べられている幸福論は、必ずしも体系的とはいえない。原文は詩句のため韻律の関係もあり、論理的に筋道たてて述べられているわけではない。ただ、幸福に喜び満ちあふれている心境が次から次へとほとばしっている。その喜びの気持ち――それは現在の私たちのものでもあるといえる。

その幸福なるものが現世的なものであるということを、明示している場合もある。

「もしも人が適当なる処に住んで、高貴なる人に親しみつかえ、正しき意向をたもち、以前に善をなしてあるならば、穀物と財宝と栄誉と名声と安楽とは、かれのもとに集まる」[18]

あるいは、次のようにも説かれている。

「(1) 財宝と (2) 穀物と (3) 妻子と (4) 四足獣とに関して、ここに栄え、富裕にして、親族・朋友及び国王に尊敬せられて栄誉あり。はたまた (5) 信仰と (6) 戒律と (7) 智慧と (8) 棄捨と (9) 学問とについてもともにここに栄える。

かくのごとき賢明なる善人は現世にて〔以上の〕両者に関して栄える」[19]

「田地に関して栄え、財宝と穀物とに関して栄え、妻子に関して栄え、奴僕用人に関して栄え、四足獣に関して栄え、信仰に関して栄え、戒律に関して栄え、学問に関して栄え、棄捨に関して栄え、智慧に関して栄える」

現実的な幸せの基底には、精神があるはずである。幸せがまた精神的なものとして説かれている場合もある。たとえば「宝」（Patana）と名づけられる短い経典（『スッタニパータ』二二二

—二三八）がそれである。この教えはそのままの形で他の原始経典（*Khuddaka-pāṭha* VI, pp. 3–6）にも出ている。後代の南方仏教では、これはブッダの説かれた護呪（paritta）の一つとされている。

「ここに集まったもろもろの生きものは、地上のものでも、空中のものでも、すべて歓喜せよ。そうしてこころを留《とど》めてわが説くところを聞け[20]」

「ここに集まったもろもろの生きものは……」うんぬんについては、『マハーバーラタ』（III, 208, 27）でも同様にいう。「この全世界は、虚空も地上も、生きものにとりつかれている」「もろもろの生きもの」の原語はbhūtāniである。ただしこれらの一連の詩句が護呪として用いられる場合にはbhūtāniはむしろ「精霊」「鬼神」の意味に用いられるようである。註釈は「人間ならぬ生きもの」と解している[21]。

「こころを留めて」とは、「注意して」ということである。

「それゆえに、すべての生きものよ、耳を傾けよ。昼夜に供物《そなえもの》をささげる人類に、慈《いつく》しみを垂《た》れよ。それゆえに、なおざりにせずに、かれらを守れ」

「この世また来世におけるいかなる富であろうとも、天界における勝《すぐ》れた宝であろうとも、われらのまったき人（如来《にょらい》）に等しいものは存在しない。この勝れた宝は、目ざめた人（仏）のうちに存する。この真理によって幸せであれ[22]」

「この真理（sacca）によって幸せ（suvatthi）であれ」という句がくりかえされるが、古代インドにおいては、真理、真実であることばは、必ずそのとおり実現されると考えていた。このことばが真実であるならば、必ずそのとおり実現されるはずだ、というのである。

「心を統一したサキヤムニは（煩悩《ぼんのう》の）消滅・離欲・不死・勝れたものに到達された、――その理法と等しいものは何も存在しない。この勝れた宝は理法のうちに存する。この真理によって幸せであれ(23)」

「最も勝れた仏が讃嘆したもうた清らかな心の安定を、人々は『〔さとりに向かって〕間《ま》をおかぬ心の安定』と呼ぶ。この〈心の安定〉と等しいものはほかに存在しない。この勝れた宝は理法の〔教え〕のうちに存する。この真理によって幸せであれ(24)」

「こころの安定」の原語である samādhi は「三昧」と音訳される。心を統一して思うことである。漢訳仏典では「禅定」ということばで訳されるが、禅は dhyāna の音写で「心に思うこと」、「定」は精神を統一安定する意味。

「間をおかぬこころの安定」の原語は、samādhi ānantarika である。この禅定を得た直後に、間をおかずに、なんらの障礙なくして聖果を得るので、このようにいう。

「勝《すぐ》れたものを知り、勝れたものを与え、勝れたものをもたらす勝れた無上の人が、妙なる教えを説きたもうた。この勝れた宝が〈目ざめた人〉（ブッダ）のうちに存する。この真理によって幸せであれ」

「古い〔業《ごう》〕はすでに尽き、新しい〔業〕はもはや生じない。そのこころは未来の生存に執著することなく、種子をほろぼし、それが生長することを欲しないそれらの賢者は、灯火のように滅びる。この勝れた宝が〈つどい〉のうちに存する。この真理によって幸せであれ[25]」

「われら、ここに集まったもろもろの生きものは、地上のものでも、空中のものでも、神々と人間とのつかえるこのように完成した〈目ざめた人〉（ブッダ）を礼拝しよう。幸せであれ」

「われら、ここに集まったもろもろの生きものは、地上のものでも、空中のものでも、神々と人間とのつかえるこのように完成した〈教え〉を礼拝しよう。幸せであれ[26]」

「あらゆる人々、生きとし生けるものの幸福をねがうこと」、――それが釈尊の真情であった。ここに説かれているのと同趣意のことは、第一四五―一四七詩にも説かれている。幸福論の具体的な内容は、すでに述べたように、第二五八詩以下に述べられている。

「われら、ここに集まったもろもろの生きものは、地上のものでも、空中のものでも、神々と人間とのつかえるこのように完成した〈つどい〉を礼拝しよう。幸せであれ[27]」

　こういう大らかな気持ちで、生きとし生ける者どもの幸福を願うということが、釈尊の切なる願いであった。

（1）*DN.* III, p. 177G.
（2）散文の部分は「蛇の章」の第六「破滅」にも出ている。この教え全体は他の仏典（*Khuddaka-pāṭha* V, p. 2f.）に出ている。また『法句経』巻下、吉祥品（大正蔵、四巻五七五上）、『法句譬喩経』巻四、吉祥品（大正蔵、四巻六〇九上以下）には、この教えの部分と一致または類似する語が多い。
（3）*Sn.* 258.
（4）cf. dhammamaṅgala in Aśoka's Rock Edict, IX.
（5）*Sn.* 259.

（６）　*Sn*. 260.

（７）　*Sn*. 261.

（８）　*Sn*. 262.

（９）　*Sn*. 263.

（10）　*Sn*. 264.　悪をやめ——ārati......pāpā. 註（*Pj*. p. 142）には āratīti āramaṇaṃ.
悪を離れ——viratī pāpā. viratī は韻律の関係で virati が viratī となったのである（Nyānatiloka : *Pali-Anthologie*, B, S. 37）。若干の写本には virati となっている。この語の意味については、viratī ti viramaṇaṃ, viramanti vā etāya sattā ti virati（*Pj*. p. 142）.

（11）　*Sn*. 265.

（12）　*Sn*. 266. 耐え忍ぶこと——khantī. khanti が韻律の関係で khantī となった（Nyānatiloka）。
ことばのやさしいこと——sukhaṃ vaco asmin ti suvaco, suvacassa kammaṃ sovacassaṃ, sovacassassa bhāvo sovacassatā（*Pj*. I, p. 148）.

（13）　*Sn*. 267.　聖なる真理を——ariyasaccāna. saccānaṃ とあるべきなのに、韻律の関係でこうなった（Nyānatiloka : *Pali-Anthologie*, B, S. 38）。
「安らぎを体得すること」は、原文ではニルヴァーナを体得すること（nibbāna-sacchikiriyā）となっている。

（14）　tapo cā ti ettha pāpake dhamme tapatī ti tapo, *Pj*. I, p. 151.

（15）　*Sn*. 268.

（16）　＝abhayaṃ nirupaddavaṃ, *Pj*. I, p. 153.

（17）　*Sn*. 269.

（18）　*AN*. II, p. 32G.

（19）　*AN*. V, p. 137.

(20) *Sn*. 222.
(21) bhūtā ti amanussā, *Pj*. p. 166.
(22) *Sn*. 223-224.
(23) *Sn*. 225. サキヤムニ――原語 Sakyamuni を「釈迦牟尼」と音訳する。シャカ族の聖者の意。釈尊のことである。理法――dhamma.
(24) *Sn*. 226.
(25) *Sn*. 234-235.「未来の生存に」の原語は āyatike bhavasmiṃ（=anāgatam addhānaṃ punabbhave, *Pj*. p. 194）.
(26) *Sn*. 236-237.
(27) *Sn*. 238.

4 迷惑をかけない

人は他人との連関のうちに生き、他人を助け、また他人に助けられて暮らしている。その関係は非常に微妙なものであるから、自分の行なう一挙手一投足が思わぬ影響を及ぼすことがある。だから注意して、他人に迷惑をかけないようにしなければならない。

「蜜蜂は〔花の〕色香を害《そこ》なわずに、汁のみをとって、花から飛び去る。聖者が、村に行くときは、そのようにせよ[1]」

このような心がまえは、特に役職を去って引退した人の場合に必要である。前任者がまだ娑婆気を捨て切れずに旧職に恋々として、顔出しをすることは、あとの人の迷惑であり、いやらしい印象を与える。

社会人としての務めとしてわれわれが心がけなければならぬことはいろいろあるが、世俗の人々は出家修行者のようなきびしい戒律を守ることはできない。

「次に在家《ざいけ》の者《もの》の行なう務めをなんじらに語ろう。このように実行する人は善い〈教えを聞く人〉（仏弟子）である。純然たる出家修行者に関する規定は、所有のわずらいある人（在家者）がこれを達成するのはじつに容易ではない[2]」

そこで最も重要な徳目として五戒を守るように教えられている。

まず第一に教えられているのは、「殺すなかれ」という戒めである。

「生きものを〔みずから〕殺してはならぬ。また〔他人をして〕殺さしめてはならぬ。また他の人々が殺害するのを容認してはならぬ。世の中の強剛《きょうごう》な者どもでも、また怯《おび》えている者どもでも、すべての生きものに対する暴力を抑《おさ》えて――[3]」

仏教は慈悲の教えであるから、まず「生きものを殺すなかれ」ということを強調している。

「生きとし生けるものに対して暴力を用いない[4]」というのが、理想とされていたのである[5]。

第二に、盗みをしてはならぬ。「盗む」とは、「与えられていないものを取る」ということである。

「次に教えを聞く人は、与えられていないものは、何ものであっても、またどこにあっても、知っていながらこれを取ることを避けよ。また〔他人をして〕取らせることなく、〔他人が〕取り去るのを認めるな。何でも与えられていないものを取ってはならぬ[6]」

「知っていながら」というのは、註によると、「他人の所有であると知りながら」の意である[7]。

世俗の人々のために「酒を飲むな」ということをやかましく説いたのは、仏教の特徴である。他の宗教では、それほどやかましく言わない。なぜ酒を飲んではいけないのかというと、人は飲酒に耽ると生業をなおざりにし、過ちを犯す危険があるからである。

世俗の人でさえも酒を飲んではならないのであるから、お坊さんは名目上では酒を飲まない。だから船若湯（船若すなわち智慧を生ずる湯）を飲むのである。「智水」ともいう。

「酒肉に荒み財を浪費する女、またはこのような男に、

家業の実権を託すならば、

これは破滅への門である(8)」

「女に溺れ、酒にひたり、賭博に耽り、得たものを、得るにしたがって、その度ごとに失う人がいる。——

これは破滅への門である(9)」

わが国でも、俗に「飲む、打つ、買う」の三拍子が身をもちくずす原因であるとよく言われる。人間の世俗的な習性なるものは、ゴータマ・ブッダの時代もいまも少しも変わらないのである。

「財なく無一物なのに、酒が飲みたくて、酒場に行って飲む呑んだくれは、水に沈むように負債に沈み、すみやかにおのが家門をほろぼすであろう(10)」

「白昼に眠るのを常とし、夜は起きるものと思い、常に泥酔に耽る者は、家を確立することができない」[11]

サーヴァッティー市の有名な富豪（「孤独な者に食を給うた人」）の甥は、飲酒の悪習のために父母の遺産四億金を費消して零落してしまった。当時酒屋（vāruṇivāṇija）があったが、「強い酒を蓄えていて売って黄金などに代え、お客を大勢集めていた」という。[12] 酒を売って金貨をもらったのである。あるいは貴金属を貰ったのであるかは判然としない。これについて、仏教は飲酒を堅く禁止した。「飲み友だち」（pānasakhā）と交わるな、と教えている。

「飲み友だちなるものがある。きみよ、きみよ、と呼びかける親友である〔と自称する〕。しかし事が起こったときに味方となってくれる人こそ〈友〉なのである」[13]

よく世間で、「酒を飲んで胸襟を開くのだ」という。しかし胸襟を開いた場合、人はどうかすると、人間の醜悪な面を露出することになるのではなかろうか。――他人の悪口をいったり、自分を誇示したりする恐れがある。

後代の仏典では、特にこのことを戒めている。

五戒の第三は、邪淫を行なってはならぬという戒めである。「邪淫」というのは男女間の道を乱すことである。

「ものごとの解った人は淫行を回避せよ。――燃えさかる炭火の坑《あな》を回避するように。

もし不淫を修することができなければ、〔少なくとも〕他人の妻を犯《おか》してはならぬ(14)」

第四に、偽りを言ってはならぬ。うそをつくな、というのである。

「会堂にいても、団体のうちにいても、
何ぴとも他人に向かって偽《いつわ》りを言ってはならぬ。

また他人をして偽りを言わせてもならぬ。

また他人が偽りを語るのを容認してはならぬ。

すべて虚偽《きょぎ》を語ることを避けよ(15)」

偽りを言ってはならぬのみならず、他人が偽りを言うのを容認してはならぬ、というところに厳しい社会倫理を認めることができる。

第五に、先で述べた「酒を飲んではならぬ」というのである。

「また飲酒を行なってはならぬ。

この〔不飲酒の〕教えを喜ぶ在家者は、他人をして飲ませてもならぬ。他人が酒を飲むのを容認してもならぬ。——

これは終《つい》に人を狂酔《きょうすい》せしめるものであると知って——。

けだしもろもろの愚者は酔《よ》いのために悪事を行ない、また他の人々をして怠惰《たいだ》ならしめ、〔悪事を〕なさせる。

この禍いの起こるもとを回避せよ。

それは愚人《ぐにん》の愛好するところであるが、しかし人を狂酔せしめ迷わせるものである[16]」

酒席でお酌をしてはならぬ、また他人が酒を飲むのを容認してはならぬ、ということは、というのは、ずいぶん厳しい教えではないか。

原始仏教からはじまって、南アジアの仏教諸国では八斎戒が規定されている。

「それはウポーサタの日に守らなければならぬものとされている[17]」

仏教の最初期においては、第一の戒めから第四の戒めを説いていたが、のちには第五として「酒を飲むな」ということを加えて五戒の定型が成立した。

第五には、「怠惰の原因となる穀酒・果酒を飲まないという戒めを、わたくしは受け持ちます」という。穀酒（surā）とは米などの穀物からつくった酒であり、果酒（meraya）とは果物からつくられた酒であり、漢訳では「葡萄酒」と記されていることもある。酒は一般にmajaといい、ときには「甘庶酒」と訳すこともあるが、普通は酒をすべて含めていう。

ではなぜ酒を飲んではいけないのか？　その理由を、ある場合には個条書きで列挙している場合がある[18]。

「酒類など怠惰の原因に熱中するならば、次の六つの過ちが生ずる。

（1）損失あり、（2）口論を増し、（3）疾病の巣窟となり、（4）悪い評判を生じ、（5）陰処をあらわし、（6）第六の原因として智力を弱める」

これに相当する漢訳（『善生子経』）で（5）を「怒ること多し」と記しているのは、おそらく中国人の伝統的倫理感覚によって性に関する表現を避けたのであろう。

(4)の「悪い評判を生じる」とは、ブッダゴーサ(五世紀)によると、「酒を飲んでは母をなぐり、父をなぐり、多くの言ってはならないことを他人に語り、なしてはならぬことをなす。それゆえに、叱責されたり、笞や杖で打たれること、手足などの切断の刑をも受けるに至り、この世でもかの世でも悪い評判を受けるに至る」(19)

飲酒を禁じたということは、原始仏教の世俗的道徳の一つの大きな特徴である。

ただし後世の教義学者によると、五戒のうちに戒められている「殺す」「盗む」「邪淫する」「うそを言う」は、それ自体が悪いことであるから「性罪《しょうざい》」と呼ぶが、第五に戒められている「酒を飲む」は、それ自体は悪いことではない。しかし過ごすと悪をともなう恐れがあるから戒めるのであって、これを「遮罪《しゃ》」と呼ぶ。

では、どの程度までなら酒を飲んでよいのか、という限度になると、人によって異なるであろう。だから仏典では「酒を飲むな」ということを第五の戒めとして立てているのである。

以上において、五戒(1)生きものを殺すなかれ、(2)盗むなかれ、(3)邪淫を行なうなかれ、(4)いつわりを言うなかれ、(5)酒を飲むなかれ)が簡単に述べられているのである。仏教徒である限り、必ず守らねばならぬ最初の戒律規定である。

ウポーサタ(Uposatha)という斎白の制度には変遷があるが、普通は陰暦の新月、満月のときに一日一夜を通じて斎戒を守るべきものとされている。その戒めは、次のごとくである。

「(1)生きものを害してはならぬ。(2)与えられないものを取ってはならぬ。(3)嘘をついてはならぬ。(4)酒を飲んではならぬ。(5)淫事たる不浄の行ないをやめよ。(6)夜に時ならぬ食事をしてはならぬ。(7)花かざりを着けてはならぬ。芳香を用いてはならぬ。(8)地上に床を敷いて臥すべし。苦しみを終滅せしめるブッダが宣示したもうたものである[21]」であるという。

これこそじつに八つの項目より成るウポーサタ（斎戒）であるという。

この内容についてみるに、つまり、前掲の五戒にさらに三つの戒を加えて、八斎戒とし、ウポーサタ（布薩）の儀礼の際に守るべきであるという規定が古くから成立していた。

「そうしてそれぞれ半月の第八日、第一四日、第一五日にウポーサタを修せよ。八つの項目より成る完全なウポーサタを、きよく澄んだ心で行なえ。また特別の月においても同じ[22]」

ここに規定されているのは最初期のウポーサタであると考えられる。

ここで「特別の月」というのは、原文には pāṭihāriyapakkha（神変月の意）とある。註に引用されている一説によると、雨期に入る前の月である Āsāḷha 月（五、六月）と、雨期の三カ月と、雨期直後の月である Kattika 月（九、一〇月）との五カ月をいう。

しかし他の人々の説によると、特別の月とは Āsāḷha 月と Kattika 月と Phagguṇa 月（一、二月）との三カ月であるとし、また他の人々の説によると、半月ごとのウポーサタの前後の日である一日、一三日、七日、九日をいう。註釈者は自分の好むところに従って行なえという。結局、古来の伝統が失われてしまったのである。

八斎戒は、特に身をつつしむという精神から実行遵奉されたものである。

（1） *Dhp*. 49.
（2） *Sn*. 393.
（3） *Sn*. 394.
（4） *Dhp*. 142.
（5） *Sn*. 146.
（6） *Sn*. 395.
（7） bujjhamāno ti ‘parasantakamidan’ ti jānamāno, *Pj*.
（8） *Sn*. 112.
（9） *Sn*. 106.
（10） *DN*. III, p. 185G.
（11） *DN*. III, p. 185G.
（12） *Jātaka*, I, p. 251.
（13） *DN*. III, p. 184G.
（14） *Sn*. 396.
（15） *Sn*. 397.
（16） *Sn*. 398-399.
（17） *Sn*. 400 以下。
（18） *DN*. III, pp. 182-183.
（19） *Sv*. p. 945.
（20） 生きもの――pāṇa.生きもの、有情（特に人間）のことを、アショーカ王詔勅においては、もっぱらpāṇa（＝skt. prāṇa）という語で表示している。仏典の韻文においてもこの語をもって表示していることが多い（*AN*. I, p. 214G.; *Therag*. 33; 237; 238; 867)。

ジャイナ教のほうでも、アーヤーランガ第一篇のガーターでは生きもののことをつねに pāṇa という。まれに pāṇin で表示していることがある。pāṇin という呼称は、やや遅い韻文（*Utt.* etc.; *Therag.* 492; 603; AN. III, p. 41G.）に現われ、散文の部分や叙事詩『マハーバーラタ』では一般的となる。

（21） *Sn.* 401.

（22） *Sn.* 402.

5　理想的な生き方

理想的な社会生活とは、どのようなものであるか？　ある場合にはまとめて次のように言った。

「ウポーサタを行なった〈ものごとの解った人〉は次に、きよく澄んだ心で喜びながら、翌朝早く食物と飲物とを適宜《てきぎ》に修行僧の集いにわかち与えよ(1)」

ウポーサタに具現される人間の戒め（道徳）を守り、立派な修行者の生き方を尊敬せよ、ということになるのであろう。

「正しい法〔に従って得た〕財をもって母と父とを養え。正しい商売を行なえ。つとめはげんでこのように怠ることとなく暮らしている在家者は、〔死後に〕〈みずから光を放つ〉という名の神々のもとにおもむく(2)」

パーリ文註解によると、「正しい商売」とは、武器の売買、生きものの売買、肉の売買、酒の売買、毒の売買の五つを除いた商売をいう。一つの異本によると、武器の売買を挙げず、その代わりに人間の売買を挙げている(3)。

この説明から見ると、人間や生きものの幸福や福祉を害なう商売が、悪い商売なのであって、反対に害なわない商売が正しい、または完全な商売だと考えられているのである。そうして商売だけをここに挙げているわけは、最初期の仏教信徒の中には商人が多かったから、まず商売を例示したのであると考えられる。

さらに「死後に〈みずから光を放つ〉という名の神々のもとにおもむく」と説いているのは、どういう意味であるか？

パーリ文註解によると、「みずから光を放つ」というのは、六欲天全部の総称であるという。これは、後代の教学にもとづく解釈である。最初期には、「みずから光を放つ」(sayampabha)という神々を漠然と考えていただけである。ところが、後の、ある程度発展した教学体系では六欲天を考え出したので、それらと同一視したのである。

ともかく仏教の教えを実践している人々は、死後に天の神々の世界におもむくと考えていたことは確かである。

正しい立派な生活をしている人は、死後に来世に憂えることがないとも説かれている。

「信仰あり在家の生活を営む人に、誠実、真理、堅固、施与《せよ》というこれらの四種の徳があれば、かれは来世に至って憂えることがない[4]」

ここで「真理」というのは、「真実」「まごころ」のことである。

「努力精励によって、法にかなって得たものの中から〈与える〉ことをなす人は、〔死後に〕ヤマ（閻魔）の〔世界の〕ヴェータラニー河（＝地獄の河）を超えて、天の領域に近づく[5]」

反対に、

「手むかうことなく罪咎《つみとが》のない人々に害を加えるならば……
この愚かな者は、身やぶれてのちに、地獄に生まれる(6)」
善き人々が死後におもむく天の世界は、最初期の仏典においてはさまざまに説かれ、また悪人が死後におもむく地獄についても漠然としていて、所説は一定していない。ただ死後に善人の安住する理想の境地なるものが想定され、それが仮りに天の世界として説かれ、また悪人の死後の境地も何かしら考えられるのである。それらは思慮分別を超えた境地であるから、必ずしも所説が一定していなくてもよいのである。ただ基本的な立場としては次のように断定することができるであろう。

「唯一なることわりを逸脱し、偽りを語り、彼岸の世界を無視している人は、どんな悪でもなさないことはない(7)」

彼岸の世界はわれわれの分別を超えたものであるが、それは厳としてあり、われわれの道徳の基礎となっているのである。

（1） *Sn.* 403.
（2） *Sn.* 404.
（3） *Pj.* I, 379. cf. *AN.* V, p. 177.
（4） *Sn.* 188.
（5） *Sn.* I, p. 21.
（6） *Dhp.* 137–140.
（7） *Dhp.* 176.

6 毀《き》誉《よ》褒《ほう》貶《へん》にとらわれない

われわれは他人を離れて生活することはできない。ところで世間というものは、うるさいものである。どうかすると、噂を立ててくれる。しかし人の噂を気にするな。

ではどうしたならば、毀誉褒貶に動じないことができるであろうか。釈尊のことばは、その心がけを説いている。

「過去を追わざれ、未来を願わざれ[1]」

経典では、このあと次のようにつづく。

「およそ過ぎ去ったものは、すでに捨てられたのである。
また未来はいまだ到来していない。
現在のことがらを、おのおののところにおいて、よく観察し、揺らぐことなく、また動ずることなく、
それを知った人は、その境地を増大せしめよ。ただ今日まさになすべきことを熱心に〔なせ〕。
誰か明日に死のあるのを知ろう。
まことにかの死〔神〕の大軍と会戦せずということはありえない」

過去は、文字どおり、すでに過ぎ去ったものである。もはやいまさらどうするということもできない。過ぎ去ったものを取り返すということは、もはや不可能である。だからサッパリとあきらめるよりしかたがない。「あきらめる」というのは因縁のすじ次第を明らかにすることである。

また未来はまだ到来していない。われわれは、このような未来を実施したいものだと思って、心の中にいろいろ空想する。しかし決してわれわれの希望や期待のとおりにはならない。そこには無数に多くの原因や条件が加わるからである。

ただわれわれのなし得ることは、充実した現在を送ることである。そして、われわれにとっては、いま何をなすべきか、ということが問題なのである。われわれが現在なすべきことを立派になしとげるならば、縁起の道理にしたがって必ずやみごとな成果が実現するであろう。

過去の失敗をくよくよしたり、未来の不安を案ずるのも、つまらないことである。ただ現在に生きよ。

このことばは、いつまでも自分の過去に犯したあやまりにかかずらったり、たえず未来の夢ばかりを追いやすい現代人にとっても、大きな意味をもつだろう。

今日の一日、一刻の努力の積み重ねが、やがて大きな目的を達するのである。今日の一日を大切にしなければならぬ。

釈尊は、当時の若者たちをやたらに出家させる、といって非難されたことがあった。弟子たちがそれを気にしていたところが、釈尊は、「気にするな。ほうっておけ」といった。

「弟子たちよ、謗《そし》りは久しくつづかないであろう。七日たったら消え去るだろう(2)」

釈尊でさえも、当時の人々から非難されたことがあるのだから、われわれが非難を受けることがあるのは、当たり前ではないか。

弟子たちは、一般に次のような心構えをもっていた。

「じつに、利益にも、損失にも、名声にも、名誉にも、非難にも、称讃にも、苦しみにも、楽しみにも、

かれらは、いかなることにも汚されない。——蓮華の上の水滴のように。健き人たちは、あらゆることがらについて楽しく、あらゆることがらについて敗れることがない(3)」

何を言われても無頓着なのである。

「一つの岩の塊りが風に揺がないように、賢者は非難と称讃とに動じない(4)」

泰然自若としているのである。

「勝利から怨みが起こる。敗れた人は苦しんで臥す。勝敗をすてて、やすらぎに帰した人は、安らかに臥す(5)」

勝敗を度外視しているのである。

「叡智の少ない人々が名声を得ることもあり、聡明な人々が不名誉を受けることもある。聡明な人々の受ける不名誉のほうが、叡智の少ない人々の得る名声よりもすぐれている(6)」

ただ自分に落度がないかどうか、それを反省すればよい。

「愚人から称讃されることもあり、また識者から非難されることもある。愚者から称讃されるよりは、識者から非難されるほうがすぐれている(7)」

気にするなといっても、われわれ弱い人間はやはり他人のかげ口を気にするわけであるが、こ

の点でわれわれに確信を与えるのは次のことばである。

「アトゥラよ。これは昔にも言うことであり、いまに始まることでもない。沈黙している者も非難され、多く語る者も非難され、少しく語る者も非難される。世に非難されない者はいない[8]」

アトゥラ（Atula）は北方インドのサーヴァッティー市の在俗信者であったが、五百人の信者に囲まれて、レーヴァタ（Revata）長老のところに行って教えを聞こうとしたが、この長老はひとり静かに瞑想に耽っていたために、何も説いてくれなかった。そこでかれは憤ってサーリプッタ（Sāriputta）長老のところへ行ったら、アビダルマに関する論議をやたらに聞かされた。「こんな難解な話を聞いて何の役に立つか？」と憤って、アトゥラは次にアーナンダ（Ānanda）長老のところへ行ったところが、ほんの少しばかり教えを説いてくれた。そこでやはり憤って、最後に祇園精舎にまします釈尊のところへ行ったところが、釈尊はこの詩を語ったのだという（パーリ文註解）。

総じて何か新しいことを始めようとすると、必ず非難が起こる。人の口の端《は》にのぼるような場合には、裏面では必ず悪口をいわれるものである。

まったくやり切れない次第であるが、これが世の中の実情であろう。

それにもかかわらずあえて実行するためには、世の人々の反対や非難が何にもとづいているのか、その理由を、詳細に知り、他人の反対意見に謙虚に耳を傾けるべきであろう。そうして、そのあとで、それらの反対理由をいかにして解決し得るかを、じっくりと考えて実行すべきであろう。

反対意見や悪口というものは、その当人には、なかなか達しないものであるから、その心掛けがなおさら必要であろう。

われわれ人間はとかく人の評判を気にするものであるが、人のけなしたり、ほめたりするのを気にするのはつまらないことだ。

世に誹《そし》りを受けない人はいないのだ、と思うと、気が楽である。

自己の所信を貫遂するためには、あまり他人のかげ口を気にする必要はない。

心をひろくもって世の中を見渡すと、ひろびろとした気持ちで対処することができる。

「ただ誹られるだけの人、またただ褒められるだけの人は、過去にもいなかったし、未来にもいないであろう。現在にもいない(9)」

われわれは、複雑な人間関係の中に生きているのであるから、当然、他の人々が自分をどう見ているか、他人の評判を気にする。

ところで、ある事を企てる場合に、あらゆる他人が百パーセント賛成し支持してくれるということは実際上あり得ない。

自分で充分に事情を調査し、慎重に熟慮したあとで、あることをしようと決意し、そのことがらが自他ともに役立ち、意義のあることであるということが判明したならば、断固として実行すべきであろう。

ただその場合には、自分でも反省することが必要である。

他人からの非難も称讃も、人それぞれの見かた、考えかたから、それなりの因縁があって出て来たものである。何かしらわけがある。そのわけを虚心坦懐に見とおすと、必ずしもそれに執著しないですむ。充分に見通した上で、では自分自身はどうするか、ということが問題なのである。

わたしも自分でも思い当たることが、いろいろある。外国のある会合で、わたしが講演したあとで、主催者のある人がわたしに言った。

「あなたは、やっぱり学者だなあ！　言ってはならぬことを言った！」

と。わたしがキョトンとしているうちに、すぐ他の人々につかまって、それっきりになってしまった。

わたしは、そのときに、もう少し詳しく聞き返すべきであった。そうしなかったのは、おそらく、不愉快なことには触れたくない、という深層心理がはたらいていたためであろう。わたしは、自分にとって最も大切なことを教えられる機会を、永久に逸してしまった。

われわれは、つねに行動をしながら生きているのであるから、行動を起こす前にも、その途中でも、またそのあとでも、我執を離れて、〈無我〉の気持ちになって、虚心坦懐に人の言に耳を傾けるべきであろう。「だれだって非難されているのだ」、お釈迦さまでさえ非難された、と思えば、他人から何か言われても、腹の立つことはないであろう。

（1）　*MN*. III, p. 187.

（2）　*Vinaya*, Mahāvagga, I, p. 39 ; 44

（3）　*Therag*. 664-665.

（4） *Dhp*. 81.
（5） *Dhp*. 201.
（6） *Therag*. 667. ayaso ca seyyo viññūnaṃ na yaso appabuddhinaṃ. この文章における"na"は単なる否定ではなくて、「……よりも」という比較を意味する不変詞である。サンスクリットでは普通 varaṃ…. na という形をとる（J.S.Speyer : *Sanskrit Syntax*, Leyden : Brill, 1886, § 250, p. 189f. ; ditto : *Vedische und Sanskrit-Syntax*, Strassburg : Trübner, 1896, § 122, S. 37)。しかし仏典では"…śreyaḥ, na tu…."という語法がある（e. g. *Bodhisattvabhūmi*, p. 130, l. 13)。西洋のパーリ文翻訳者は、この語法に気づかないために、ぎごちない訳文となっている。
（7） *Therag*. 668.
（8） *Dhp*. 227. この詩の漢訳は『義足経』上巻（大正蔵、四巻一七七中）に出ている。
（9） *Dhp*. 228.

7　死ぬよりも前に

われわれは死ぬよりも前に、まだ生きているうちに、覚悟を決めて、いろいろのことを整えておく必要がある。

『スッタニパータ』（八四八以下）の中では「死ぬよりも前に」という一節で、いろいろのことが教えられている。

「師は答えた、『死ぬよりも前に、妄執を離れ、過去にこだわることなく、現在においてもくよくよと思いめぐらすことがないならば、かれは〔未来に関しても〕特に思いわずらうことがない[1]』」

「平静であって、常によく気をつけていて、世間において〔他人を自分と〕等しいとは思わない。また自分が勝《すぐ》れているとも思わないし、また劣《おと》っているとも思わない。かれには煩悩《ぼんのう》の燃え盛《さか》ることがない(2)」

「依りかかることのない人は、理法を知ってこだわることがないのである。かれには、生存のための妄執も、生存の断滅のための妄執も存在しない(3)」

「依りかかることのない人」というのは、偏執のない人、頑迷な固執のない人という意味である。

「もろもろの欲望を顧慮することのない人、――かれこそ〈平安なる者〉である、とわたくしは説く。かれには縛めの結び目は存在しない。かれはすでに執著を渡り了《お》えた(4)」

空翔ぶ鳥のように、かれは自在の境地にある。

（1）*Sn.* 849.「過去に」――pubbam antam（=atītāddhādibhedam, *Pj.* p. 549）. ここでは addha（=skt. adhvan）という語が用いられているから、過去の生存、前世という意味ではなくて、瞬間瞬間に推移してゆく時間のうちの過去の時間をいうのである。kāla は計量され得るが、adhvan は計量され得ない。

「現在においても」――vemajjhe（=paccuppanne pi addhani）.

「未来に関しても」――anāgate addhani（*Pj.*）.「過去に」の註に挙げた理由により、来世のことをいうのではなくて、瞬間瞬間に推移してゆく時間のうちの未来の時間をいうのである。

（2）*Sn.* 855.「煩悩の燃え盛ること」――ussadā（pl.）. 'self-assertion'（Chalmers）; 'desires'（Fausböll）.

（3）*Sn.* 856.「依りかかること」――nissaya（=taṇhā-diṭṭhi-nissayā, *Pj.*）.

（4）*Sn.* 857.「執著」――visattikā（=mahātaṇhā, *Pj.* p. 550）.

8　原始仏教における自然環境の問題

　自然環境の問題は従前の観念によると、社会思想とは無関係であるかもしれない。しかしそのように考えるのは、近代西洋思想の狭い独善的な態度に影響されているのである。人間の生存は、人間をはぐくむ自然環境から切り離して考えることはできない。

　最初期の仏教修行者たちは、人里離れたところにある林を愛好していた。

「人のいない林は楽しい。(1)世人の楽しまないところにおいて、愛着なき人々は楽しむであろう。(3)かれらは快楽を求めないからである」(4)

　自然をはぐくむという思想は、仏典の物語の中に散見している。

　小鳥がやがて大きな叢林を育て上げ、樹神の住居を奪うであろうことを、樹神が恐れたという物語が述べられている。樹神は恐れた。

「それらの木々は　芽をはやし、

　わが脇腹に　風を避く。

　それらはわれを　包みこみ、

　われを枯木と　なすならん。

　木々は長じて　大いなる

　樹をも凌《しの》いで　繁茂する。

それゆえ、王よ、われ震う。
まだ来ぬ恐れを　眺めつつ」
木の神の言葉を聞いて、金翅鳥は諭した。
「危惧すべきものを　考量し、
まだ来ぬ恐れを　守るべし。
未来の畏怖を見る　賢人は、
この世あの世を　見はるかす(5)」
この会話の趣旨は、現世来世を慮《おもんぱか》れ、ということであるが、譬えの範囲は現世のみに限られている。

人間は生活するためには、つねに自分の意志を持って能動的、積極的に自然環境にはたらきかけている。

ところが修行僧は、世間を離脱している人であるから、人間として自然環境に手を加えることは、禁止されていた。

「修行者ゴータマは、耕地や荒れ地を受け取ろうとしない(6)」というかれの態度は讃美されていた。

当時の修行者（samaṇā）は、土木工事のようなことに従事してはならぬと考えられていた。それに関してゴータマ・ブッダは、「建築用地の相を占うこと、敷地を清め供物を献ずること」をもしなかった(7)。

修行僧は土地を掘ってはならない。

「いかなる修行僧であろうとも、土地を掘り、あるいは他人をして掘らせるならば、パーチッテイヤの罪を犯すことになる(8)」

説明の文章(パーリ文(9))によると、ブッダがアーラヴィー(Āḷavī)に住していたときに、修行僧たちが修理(navakamma)を行なう際に、みずから土地を掘り、また人々をして土地を掘らせていた。そのとき人々は、「どうして仏教の出家修行者たち(samaṇā Sakyaputtiyā)は、土地を掘ったり、また掘らせたりするのか?」といって非難した。その理由として、「仏教の修行僧たちは、一つの感覚器官しかもっていない生き物を傷つけている」(ekindriyaṃ.....jīvaṃ viheṭhenti)というのである。

「一つの感覚器官しかもっていない生物」というのは、身体による触覚だけしかない生き物という意味である(10)。こういう生き物をさえも殺してはいけないというのは、ジャイナ教などのもっていた見解であるが、それに同調したのである。

そこでブッダは、かれらが土地を掘り、また掘らせることを禁止した。その理由として「かれら愚人(世人)たちは、土地について生命あるものだと考えているからだ」(jīvasaññino hi moghapurisā monussā pathaviyā)というのである。

では、(1)土地の泥土そのものに生命があると考えていたのか? あるいは、(2)土地の泥土の中に生命ある者が棲息していると考えていたのであるか?――どちらであるか、ということが問題になる。この疑問は、最初期のジャイナ教についても起こることであり、はっきり解らない。

ただわたしは、原始仏教の場合には(2)のほうではなかったか？　と考える。

生きもののうちでも動物を傷つけたり殺してはならぬということを仏教が教えた事実はあまねく知られているが、原始仏教では、植物の生命を傷つけることも善くないと考えていたようである。「修行者ゴータマは、種子や草木を殺すことから離れておられる[11]」といって称讃されている。だからこそ「修行者ゴータマは、生の穀物を受け取ろうとしない[12]」といわれるのであろう。

また世人は、次のようにいって如来を讃美する。

「あるいは、『ある尊敬すべき沙門やバラモンたちが、信者の布施による食物を食べてからも、たとえば、根を種子としているもの、幹を種子としているもの、節を種子としているもの、つぎ穂を種子としているもの、第五に種を種子としているもののようないろいろな種子、いろいろな草木の生命を常に奪って暮らしているのに対して、沙門ゴータマは、そのようないろいろな種子、いろいろな草木の生命を奪うことから離れて暮らしておられる』というように、普通の人は如来を讃美して語るであろう[13]」

これらのことを述べている経典の真意は、釈尊の偉さは、区々たる行動のうちにあるのではなくて、もっと奥深いところにあるということを言おうとしているのであるが、当時の宗教行者が行なっていた戒律をゴータマ・ブッダも実行していたことは疑いない。

ところで、人間は動物を殺さないで、肉食しないで生きていくことはできる。しかし穀物を食べないで生きていくことはできない。では修行者も殺生の罪を犯していることになるのではないか？　――これに対する答えは聖典の中には述べられていない。しかし前後の文脈から考えると、次のように考えていたらしい。――出家修行者は托鉢をして、在俗信者の煮炊きした食物を貰って生きている。

植物の生命を殺したのは、世俗の人々である。出家者は干与していない。だから出家修行者には罪がない、と。

しかしこれは問題を他に押しやっただけにすぎない。われわれは全体的連関の中から考えなければならない。最初期の仏教は、この点で思索が徹底していなかった。この点で正面から問題に取り組んだのは、のちの仏教思想家たちである。

土地を掘ることを禁止した規定に引きつづいて戒律書では、「草木を伐ることは、パーチッティヤ〔の罪〕である」という。[14]

これもアーラヴィーにおいて制定された戒律個条である。樹木を伐り、あるいは伐らせるということは、その樹木に住んでいる神（rukkhe adhivatthā devatā）の住居（bhavana）を伐り倒すことになるから、樹神の怨みを買うことになる。そこで樹木を伐ってはならぬというのである。[15]

ここでは一般的に、草木のことを「生きものの集まり」（bhūtagāma）と呼んでいる。漢訳では「鬼村」または「有情村」という。鳥や虫などの生きものがそこに集まって住んでいるからである。

実際問題として初期の修行僧は庵室（kuṭī）に住んでいたのであるから、庵室を造るためには、自分がするのでなくても他人が地面を掘ったり、伐採したにちがいない。その場合にも、無用の自然破壊は避けていた。修行僧が、容認され予定された地所に、容認され予定された尺量を超えたものを造ったならば（pamāṇam atikammeyya)、サンガーディセーサという罪になる。[16] サンガーディセーサ（僧残）とは、それを犯すと罪ではあるが、なお僧としての生命を残していて、集会で衆僧に懺悔すれば救われる罪である。

ところで容認され予定された尺量[17]（pamāṇa）とは、長さに関しては、〈指をひろげたさしわたし〉の一二倍、幅に関しては、内に向かって、仏に認められた〈指をひろげたさしわたし〉の七倍である。それを過ぎてはいけないというのである。

土地を無用に広く使ってはならぬ、という規定だとすると、恐ろしく厳しい規制である。後代の大寺院の建設はみな戒律に違反したものだということになってしまう。

ジャータカ（三〇七）によると、

「ボーディサッタはバーラーナシーの近くでパラーサ樹の樹神となって生まれた。当時バーラーナシーの住民たちは神を尊崇して、つねに供物を捧げることなどに熱心であった。さてあるとき、一人の貧しいバラモンが、

『わたしも神さまをお世話申しあげよう』

と、盛りあがった場所に立っている一本の大きなパラーサ樹の根元を平らにし、草を取り、ぐるりをまわって砂をまき、掃き清め、樹に香で手形を押し、花環・香・薫香《くんこう》で供養し、灯火をともし、

『安らかにお休みください』

と言って樹を右まわりにまわって去った。翌日朝早く行って安らかに休まれたかどうかをたずねた。

……(中略)

遠く聞こえしこの大樹

この地に立ちて神ぞ住む、

このパラーサ樹とそこなる神々に、

われ敬礼するは、財のゆえなり」[18]

つまり樹神を崇拝したために樹木の根元にかくされていた財を恵まれたという話になっている。当時樹神信仰が盛んに行なわれていたことは、サーンチーなどの仏教芸術において樹神なる女神の像が盛んに彫られていたことによっても確かめられる。かれらはヤクシー(yakṣī)またはヤクシニー(yakṣiṇī)と呼ばれた。

では花を採集するということを、どう考えていたのであろうか? 出家修行者は花輪を作ったりしてはならないが[19]、それは主として華美なことを遠ざけていたためであろう。

日本人は花を愛好する。それはまた人間性にもとづいたことであり、当然である、とわたしは考えていた。

ところがある韓国人の大学教授から、鋭い批判を耳にして、わたしは愕然とした。その人は言った。日本人の誇る華道なるものは、花を切って来て、花の自然のすがたに暴力を加えている。

これは、日本人の残忍性の現われである。韓国人は、自然のままの花を愛好するのであって、無理強いをする華道なるものは存在しない、と。わたしはドキッとした。考えてみるべき問題であろう。

古代インドの巨大な建造物として残っているものは、主として仏教の巨大なストゥーパと石造の仏教美術である。岩石に対して人工的にはたらきかけることに、仏教徒たちは何のためらいも感じなかった（ただし放浪者のような最初期の仏教修行僧は、こういう活動をしなかったであろう）。

以上とは異なって、世俗人の場合には、自然環境の破壊を大っぴらに行なっていたにちがいない。しかしその場合でも樹木を大切にするという思想は根強く存続していた。樹木には樹神が棲んでいると考えていたからである。

空気の汚染などということは、当時の人々の考えてもみなかったことである。

発達した伝統的保守的仏教において考察された因果関係は、生きものとしての生存（有情世間）と自然世界との両方にわたるものであるが、自然世界に関する考察も、アビダルマ文献に教説されている。

（1）　arañña（人のいない林）という語を、日本の専門家たちは「森」とか「森林」と訳すが、誤解を生じやすい。日本のインド学はヨーロッパから入って来たが、インドの現地の風土に注意しなかったために、梵英辞典に forest という訳語がついでに挙げられていて、つぎに forest を英和辞典で引いてみると「森」

とか「森林」となっているために、そのように訳すことが定着してしまった。しかし日本やドイツの「森林」を連想すると、とんでもない間違いになる。ゴータマ・ブッダの活動した地域には密林のようなものをほとんど見かけない。むしろ人里離れた静かな空地をいう。その証拠には、荻原『梵和大辞典』に挙げられている araṇya の多数の漢訳語を見ても、「森」という漢字は出て来ない。漢訳『法句経』羅漢品にはただ「空閑」と訳し、*Udv.* XXIX, 17 に対応する『出曜経』双要品、『法集要頌経』相応品にも araṇya を「空閑」と訳している。

現代のインド人学者がどう解釈しているかと思って調べてみると、arañña を jaṅgal と訳している (Saṃghasena Siṃha : *Dhammapada* ; *eka adhyayana*, Dillī : Viśvavidyālaya Prakāśana, 1977, p. 65)。jaṅgal はサンスクリット語の jaṅgala（荒蕪の、あれはてた）に由来し、この語にもとづいて英語の jungle という語が成立した。サンガセーナ博士の訳は、わたしの立論を支持する。

(2) ramaṇīya をヒンディー語で man ko lubhānevāle（魅了するもの）とサンガセーナ博士は訳している。

(3) 楽しむであろう――ramatī jano とあるのは、ramatī が韻律の関係で ramati となっているのである。また PTS 本に ramissanti とあるのは ramessanti と訂すべきである（Nyanatiloka : *Pali-Anthologie*, B. S. 29)。

(4) *Dhp.* 99.

(5) *Jātaka*, III, pp. 398-399 (No. 412, vv. 4 ; 6 ; 7. 『ジャータカ全集』5、一一五頁)。

(6) Brahmajālasutta, 10.

(7) Brahmajālasutta, 27.

(8) パーチッティヤ、一〇（*Vinaya*, IV, p. 33)。

(9) *Vinaya*, IV, pp. 32-33.

(10) I. B. Horner : *The Book of the Discipline*, I (London, Luzac, 1949), p. 266 ; . II (Luzac, 1957), p.

223.

（11）Brahmajālasutta, 10.

（12）同上。

（13）Brahmajālasutta, 11. 小林明美訳。

（14）パーチッティヤ、一一（*Vinaya*, IV, p. 34）。

（15）*Vinaya*, IV, pp. 34-35. cf. I. B. Horner : op. cit. part 2, pp. 226f.

（16）サンガーディセーサ、六（*Vinaya*, III, pp. 144f.）。

（17）tatr' idaṃ pamāṇaṃ : dīghaso dvādasa vidatthiyo sugatavidatthiyā tiriyaṃ satt' antarā（*Vinaya*, III, p. 149）. *This is the measure : in length, twelve spans of a span of the accepted length* means : for the outside measure. *In width, seven inside* means : for the inside measure（I. B. Horner : *The Book of the Discipline*, I, London, Luzac, 1949, p. 255）. なお『南伝大蔵経』第1巻二五一―二五二ページ参照。vidatthi は「手尺、搩手、さしわたし［一二指節、二分の一肘］」（水野弘元『パーリ語辞典』増補改訂版、二九三ページ）。

（18）『ジャータカ全集』4、二四ページ以下。

（19）cf. Brahmajālasutta, 10.

あとがき

日本における倫理・道徳の荒廃が指摘されるようになってすでに久しいものがある。近年、目を覆い、耳を塞ぎたくなるような凄惨・非道な事件のニュースがあまりにも多い。中村先生が、そのインド学仏教学研究の総決算ともいうべき決定版『中村元選集』全四〇巻の完成（一九九九年七月）が近づいたころ、当時出版準備中の『論理学の構造』全二巻の他に、この「構造倫理講座」全三巻の出版を遺言されたのも、当時の日本人の道徳的退廃を深く憂慮されていたからではないかと思われる。

先生のいま一つの深刻な憂慮は、わが国における教育の荒廃であった（第一巻第五章「師弟の道――教育荒廃の中からみる」）。これは先生自ら東京大学で体験され、その苦い体験が、ご自分の理念に基づく、新たな教育の場である財団法人東方研究会・東方学院の設立の動機の一つとなったと仄聞している。

先生は、道徳と教育の復興の根本に、先生が東洋思想の根幹であると考えておられた仏教、その仏教の原点であると確信されていた〈慈悲の精神〉を据えられたのである。古来、倫理思想はいろいろな形で説かれているが、内容は必ずしも一致していない。

しかし「いかなる時代、いかなる国においても、他人を益するはたらきは〈善〉とみなされ、これに反して他人を害するはたらきは〈悪〉と見なされている」（第一巻、四頁）という基本的立場を述べ、その善の純粋なすがたを〈慈悲〉と呼ばれている。

そして主として膨大な原始仏教聖典から引用して、聖典をして語らしめる形式で、先生の「慈悲の構造倫理」が展開されている。今から二千年以上前の聖典のことばが、先生の巧みな編集力と深い洞察力によって、現代の私たちに強く訴える力をもっていることに驚かされる。

先生は、大正一四年東京高等師範学校付属中学校（現・筑波大学付属高校）に入学後間もなく腎臓炎を患い、一日も登校しないままご自宅でご療養のやむなきにいたり、一年間、なかば絶望的な悶々の毎日を送られたことがあった（『学問の開拓』四一―四二頁）。

このような深刻な体験をされたからであろうか、先生は、八一歳のとき、『山陰中央新報』の記者からのインタビューに、「どんな問題でも出発点は、我々は生きている、そしていかに生きるべきかということなんです」（平成五年一月一七日）と語っておられる。

先生の「構造倫理講座」の第二巻『〈生きる道〉の倫理』は、まさしくこの課題に答えようとするもので、人間の「生きる道」を多くの仏典の名言から探ろうとする試みが開始される。

「人間存在というものは、どのような構造をもっているものなのであろうか？　さらに、われわれは、好むと好まざるとにかかわらず、人間として生まれ、人間として生きてきたのであるが、

今後どのように生きたらよいのであろうか？」（三頁）

と、問題を提起し、その方法を、

「以下においては、仏典の中のもろもろの名言にもとづいて、それらに対する答えを、できるだけ体系的かつ構造的に述べようとするものである。それはまた、筆者の主観的解釈をいれることの少ない一種の〈仏教概論〉ともなるであろうことを希望する」

と前置きして、まず第一章の一で、種々の哲学説や宗教がたがいに相対立し、抗争している場合に、どのような立場をとるべきであるかが論じられている。

諸異説が相対立していた時代に活躍したゴータマ・ブッダが権威ある伝承や他人の説を信ずるべきではないとまでいったこと、はたまた、形而上学的諸問題を論ずることは、さとりに導かないので益がないこととして、解答を拒否した（無記）ことなどが論じられる。続いて人間の構造に焦点が当てられ、第一章の二で「人間の反省」、同章三で「存在の根底」が論じられている。

第二章では、生きていくための原理が論じられる。まず「こころ」が取り上げられ、仏典の引用にもとづいて、われわれを取り巻くいろいろな事物も環境も、われわれのこころいかんによって異なって現れる事を示し、またこころと身体との関係について言及されている。

そして最後に興味深い「動物や植物にもこころがあるか？」という問題が取り上げられ、日本では、現実肯定の思想が極端に進み、〈草木成仏〉を越えて、〈国土成仏〉の思想すら現れたことが指摘されている。

続いて、身体を整え、こころを整えようとする修行者にとって最も大切な「自己」の問題が論じられる。仏教は自己を否定したと理解されている傾向があるように思われるが、「ウパニシャッド」におけると同様に、〈自己（アートマン）を求めよ〉ということは、最初期の仏教以来説かれている。ただ自己が形而上学的実体として存在するという見解には反対し、形而上学的実体としての自己の存在の有無に関しては沈黙を守ったが、実践を基礎づける原理としての自己の存在は想定されていたのである。

また、浄土教における「如来が自分に信心をくださる」という心境にいたる道筋が示されている。「自由」とは「自己に由《よ》る」ことであり、その真の意味が解明され、大いなるものに随順することが「自己を愛しみ、自己を守る」ことであるゆえんが明らかにされる。

生きていくための原理として、「良心」がある。しかし原始仏教のみならずインド思想一般ではいわゆる良心という術語は作られず、良心の問題は、アートマンの問題であり、自己こそ自己の証人であることを、西洋思想との比較において論じられている。

自己が自分にとって、もっとも大切なものであることを自覚した人は、他人にとっても、他人の自己が最も大切なものであることを理解することができ、ここに対人的な道徳が成立する根拠があると主張されている。また他人を損なうことは最大の罪悪であり、他人に対して同情をもつことが、真の自己を実現するゆえんなのである。

そのためには、〈わがもの〉という観念を超越して、無執著となり、〈小欲知足〉となることが重要である。苦悩を克服する道があるとわかった人には、いま〈いのち〉があるということは「ありがたい」ことなのである。かくして「いのちある者」として今日に生きる運命に感謝することができる。感謝のこころは、自己に対する反省と一体となっているものであるという。

人間は死を免れ得ないとすれば、「良く生きる」こと、換言すれば〈不死の境地〉を目指すべきであり、その〈不死の境地〉とは、とりもなおさず人間としての理法（法）に従って毎日を過ごすことにほかならない。ブッダの説く〈法〉が、他の諸宗教の説くところと異なっている場合には、その他宗教の異なっているところを非難してはならない。ここに諸宗教の理解・協力のための基盤である寛容の精神が成立する。

ゴータマ・ブッダはただ道を教えただけであり、ものごとの理法を見る人はブッダを見、ブッダを見る人は、ものごとの理法を見る人である。

第三章では、その理法（ダルマ）は固定したものではなく、人間の生とともに発展する柔軟なものであり、民族や時代の差を超え、さらに諸宗教の区別をも越えて実現されるべきものであることが明らかにされ、柔軟な真実の実践である〈中道〉に照明が当てられる。

事情の変化に応じて最も適切な実践をするには、〈学ぶ〉ことが必要であり、学ぶことがらは無数にあるが、もっとも大切なことは、身を修めることである。そのためにははげまなければならないが、その「はげみ」こそ涅槃（ニルヴァーナ）であり、不死の境地であるという。

道に努め、はげむ、ということは、自己に打ち克つことであり、現実の人生においては、「忍ぶ」ということも必要になる。そして目的が達成されるまで、人は努めなければならないのである。

ここで再び道徳論の原理は、「すべての悪しきことをなさず、善いことを行ない、自己のこころを浄めること、――これがもろもろの仏の教えである」（七仏通誡偈）、簡単に言えば「悪をなすなかれ」ということに帰着すると述べられる。

そして原則は、人のためになることは善であり、人を害うことは悪である。善を行ない、悪を避けるためには、思考し、細心の注意を払うことが肝要である。究極目標である解脱は、固定した境地ではなくして、〈動くもの〉であり、われわれ凡夫の〈くつろいだ境地〉につながるものであり、〈はからいの無いこと〉であるともいう。解脱した人は、神々よりも高い境地にいるといわれる。

世の中に思想体系や宗教は多々あるが、仏教が人々のこころのよるべとなるのは、「慈悲」の精神を説くからである。「生きとし生けるものに慈しみを及ぼす」という精神は、単なる感傷的な心情の問題ではなくて、現代世界にとって緊迫した切実な問題になってきた。

自然環境という考え方や表現自体、自然を征服する人間のエゴイズムをむき出しにしており、人間に恵んでくれる自然界の生きとし生けるものと共に生きる、という心持ちが大切である。人の存在自体が尊いものであり、人の作った物品には、人の精魂がこもっており、無駄なものは一つもないはずであり、だから「もったいない」という気持ちが起こるのである。この慈悲の精神を徹底させると敵というものがなくなる。

大乗仏教では、慈悲が一層強調されるようになる。仏教の理想は慈悲であるが、それは実際に奉仕の行に具現されねばならない。ゴータマ・ブッダが、病臥していて誰も近づかないような修行僧を看護した話は有名である。

教義について論争したり、儀礼にこだわっているならば、仏教は見失われる。仏道修行は、人々に奉仕するにいたって極まるという。人の憂い苦しみをわが憂い苦しみとするのが、大乗仏教の理想であった。仏教によって道理に近づくのであるが、究極的には実践に努める人がもっとも優れている。

大乗仏教では何らかの善いこと、功徳を人々のためにふりむける「廻向」が重視され、自分だけの幸福を願って仏に祈るのは利己的なわがままな行為であり、自ら進んで他の人々のために苦しみを共にし、他人の幸せを念ずることが願わしい境地なのである。

第四章では、世に生きることの意味が説かれる。世に生きるということは、多くの人々との間にあって、間柄を保ちながら生きることであるという。絶えず他人のことを気にせねばならないが、「おのれを守る」ことが必要である。

人生ではいろいろなことに遭遇し、不快なことも、快いこともあるが、すべて種々なる因縁のいたすところであると、静かに、ありがたく受け取ることが勧められる。かくして変転常無き世の中に楽しさを見出すことができる。ゴータマ・ブッダの幸福論として、『スッタニパータ』の「大いなる幸せを説いた経」（二五八―二六九）が紹介される。

すでに見たように、人は他人との連関のうちに生きているが、その関係は微妙なものであるから、他人に迷惑をかけないようにしなければならない。そこでもっとも重要な徳目として「殺すなかれ」に始まるいわゆる五戒などが説かれ、さらに理想的な社会生活が取り上げられる。

また毀誉褒貶にとらわれるべきでないことが、ゴータマ・ブッダの実例や中村先生ご自身の例を挙げて説かれている。また、人が死ぬよりも前に、しておかなければならないことが『スッタニパータ』八四八以下によって示される。最後に「原始仏教における自然環境の問題」にも触れられている。


以上、第二巻『〈生きる道〉の倫理』を概観しながら痛切に感じたことは、ここに述べられている諸徳目は、中村先生が日頃実践されてきたことであり、先生によって具現されていたことばかりではないか、ということであった。先生は、生涯、人のためになることに、すなわち善に、はげまれ、全力投球された。本書を含めて、先生が残された膨大な著作群は、そのことを雄弁に物語っている。

先生が、ちょうど決定版『中村元選集』を作成するために、昭和五二年に完結した旧『中村元選集』をベースに改稿・加筆を進めておられたとき、『山陰中央新報』の記者に、「執筆していて、ふと気付くともう日が陰っている。ほかに何もできない。監獄に入っているようなもので」と笑いながら言われたとき、記者が「苦しいですか?」と訊ねた。

それに対して、先生は「いや楽しいです。わが郷土・山陰の英雄、山中鹿之介の歌にあるんです。『憂きことの、なおこのうえに積もれかし、限りある身の力ためさん』。仕事は積もらば積もれ、力試しの心境です」といって笑われたと記している（平成五年一月一七日）。

その「はげみ」こそ涅槃（ニルヴァーナ）であり、不死の境地であるという。道に努め、はげむ、ということは、自己に打ち克つことであり、現実の人生においては「忍ぶ」ということも必要になる。そして目的が達成されるまで、人は努めなければならないのである（本書一五八―一六七参照）。なにかゴータマ・ブッダが、ネーランジャラー河のほとりの菩提樹の根元で覚られ、解脱の安楽をこころゆくまで味わっておられたであろう姿と、重なるものがあるように思われる。

本書を読み進める中で、なぜであろうかと、考えさせられるところが一点あった。

それは第一章の冒頭で、「人間存在というものは、どのような構造をもっているものなのであろうか？」と問題を提起されながら、まず取り上げられたのが人間の構造ではなくて、種々の哲学説や宗教がたがいに相対立し、抗争している場合に、どのような立場をとるべきであるかという問題であったからである。何よりもまずこの問題が取り上げられたのにも何か理由があるはずである。

思うに、先生は、「一本槍」ではなくて、つねに「一番槍」を目指しておられたことを思い起こす。先生は既存の学問体系をそのまま鵜呑みにするのではなく、既存の学問体系に囚われず、権威に屈することなく、自ら正しいと思う道を新たに開拓され、批判をものともせず、独創的な、新生面を切り開いてこられた方であった。ちょうどゴータマ・ブッダが、既存のバラモン教に囚われることなく、新たな仏教という道を開拓したようにである。

その最初の一例が、『東洋人の思惟方法』（みすず書房、一九四九）の出版である。これは出版されるやいなや、当時の日本の学問の権威者たちから猛烈な批判を受けた書物であった。当時、学生であった筆者にすら耐え難いほどの思いがしたことを覚えている。

先生は、そのような論争に加わることをされなかった。この斬新な研究は、国際的に非常に高く評価され、一九五一年九月に、先生はアメリカのスタンフォード大学から客員教授として招聘され、講義をされたのであった。これこそが先生が国際的に大活躍をされるきっかけとなったのである。

その後の注目すべき一番槍は、『比較思想論』（〔岩波全書二四七〕岩波書店、一九五九）の出版によって、当時の西洋哲学界からの批判を受けながら、日本における比較思想という新しい学問を確立され、一九七四年、比較思想学会を創立されたことである。

以上の顕著な二例に留まらないが、ゴータマ・ブッダの先例は、先生が、日頃、学問の世界で一番乗りをされたときの指針となったのではないかと思われる。

事実、ゴータマ・ブッダが当時の若者たちをやたらに出家させるといって非難されたことがあり、弟子がそれを気にしていたところ、ゴータマ・ブッダは「気にするな、ほうっておけ」といわれた例（本書二六七頁）などを挙げ、「総じて何か新しいことを始めようとすると、必ず非難が起こる。……まったくやり切れない次第であるが、これが世の中の実情であろう」（本書二六九頁）と述懐しておられる。

このたびの、仏教の立場からする新しい「構造倫理講座」全三巻の出版もまた、先生の倫理学の領域における一番槍であり、まったく新しい、二一世紀にむけての倫理の構築である。

ラフカディオ・ハーンが今から一〇〇年以上も前に、仏教は未来の宗教となるであろうと喝破しているが（E. Bisland, *The Life and Letters of Lafcadio Hearn*, vol. 1. Boston : Hou-ghton, Mifflin, 1906, p. 292）、本書は、その発言が事実であることを証明するものであると確信している。

平成一七年七月四日

東方学院長
財団法人東方研究会常務理事
前田　專學

著者略歴

1912 年　島根県松江市に生まれる。
1936 年　東京大学文学部印度哲学科卒。
1943 年　文学博士。
1954 年　東京大学教授。
1970 年　財団法人東方研究会設立。
1973 年　東方学院設立、東方学院長。東京大学名誉教授。
1977 年　文化勲章受章。
1984 年　勲一等瑞宝章受章。
1999 年　逝去。

著書に、『中村元選集〔決定版〕』全40巻、『構造倫理講座』全 3 巻（春秋社）、『論理の構造』全 2 巻（青土社）、『初期ヴェーダーンタ哲学史』全 5 巻（岩波書店）、『佛教語大辞典』全 3 巻（東京書籍）、ほか多数。

〈生きる道〉の倫理——構造倫理講座Ⅱ

二〇〇五年　八 月二〇日　初　版第一刷発行
二〇二一年一二月二〇日　新装版第一刷発行

著　者　中村　元
編　者　財団法人東方研究会
発行者　神田　明
発行所　株式会社春秋社
東京都千代田区外神田二―一八―六（〒一〇一―〇〇二一）
電話〇三―三二五五―九六一一　振替〇〇一八〇―六―二四八六一
https://www.shunjusha.co.jp/
印刷所　萩原印刷株式会社
装　丁　美柑和俊
定価はカバー等に表示してあります

ISBN 978-4-393-31309-1

◆構造倫理講座〈全三巻〉　中村 元

〈東洋〉の倫理

構造倫理講座Ⅰ

仏典に説かれた教えから、親の恩や子への義務、望ましい夫婦関係、経済活動における倫理、親友悪友の条件など、インド・中国世俗社会の人間関係での倫理構造を明らかにする。

二九七〇円

〈生きる道〉の倫理

構造倫理講座Ⅱ

数ある仏典のなかから選りすぐりの名言に、苦と苦の原因と苦を感じる心、そして苦の中での生き方を語らせる。仏教的生の倫理構造を明らかにする「仏教概論」。

二九七〇円

〈生命〉の倫理

構造倫理講座Ⅲ

生命とは何であるか？　何のためにあるのか？　インド哲学と西洋哲学の両面から生命の倫理構造を探究し、魂、身体、個人と生命の関係をもって〈いのち〉の尊さを提示する。

二九七〇円

▼価格は税込（10％）

決定版　中村元選集　全32巻別巻8巻

第1巻　インド人の思惟方法　東洋人の思惟方法Ⅰ
第2巻　シナ人の思惟方法　東洋人の思惟方法Ⅱ
第3巻　日本人の思惟方法　東洋人の思惟方法Ⅲ
第4巻　チベット人・韓国人の思惟方法
　　　　東洋人の思惟方法Ⅳ
第5巻　インド史Ⅰ
第6巻　インド史Ⅱ
第7巻　インド史Ⅲ
第8巻　ヴェーダの思想
第9巻　ウパニシャッドの思想
第10巻　思想の自由とジャイナ教
第11巻　ゴータマ・ブッダⅠ　原始仏教Ⅰ
第12巻　ゴータマ・ブッダⅡ　原始仏教Ⅱ
第13巻　仏弟子の生涯　原始仏教Ⅲ
第14巻　原始仏教の成立　原始仏教Ⅳ
第15巻　原始仏教の思想Ⅰ　原始仏教Ⅴ
第16巻　原始仏教の思想Ⅱ　原始仏教Ⅵ
第17巻　原始仏教の生活倫理　原始仏教Ⅶ
第18巻　原始仏教の社会思想　原始仏教Ⅷ
第19巻　インドと西洋の思想交流
第20巻　原始仏教から大乗仏教へ　大乗仏教Ⅰ
第21巻　大乗仏教の思想　大乗仏教Ⅱ
第22巻　空の論理　大乗仏教Ⅲ
第23巻　仏教美術に生きる理想　大乗仏教Ⅳ
第24巻　ヨーガとサーンキヤの思想
　　　　インド六派哲学Ⅰ
第25巻　ニヤーヤとヴァイシェーシカの思想
　　　　インド六派哲学Ⅱ
第26巻　ミーマーンサーと文法学の思想
　　　　インド六派哲学Ⅲ
第27巻　ヴェーダーンタ思想の展開
　　　　インド六派哲学Ⅳ
第28巻　インドの哲学体系Ⅰ　『全哲学綱要』訳註Ⅰ
第29巻　インドの哲学体系Ⅱ　『全哲学綱要』訳註Ⅱ
第30巻　ヒンドゥー教と叙事詩
第31巻　近代インドの思想
第32巻　現代インドの思想

別巻　世界思想史　全4巻
1　古代思想
2　普遍思想
3　中世思想
4　近代思想

別巻　日本の思想　全4巻
5　東西文化の交流
6　聖徳太子
7　近世日本の批判的精神
8　日本宗教の近代性